ZS

München
1. Auflage 2006
ISBN (10) 3-89883-157-4
ISBN (13) 978-3-89883-157-4

Grafische Gestaltung Barbara Markwitz, Kuni Taguchi
Umschlagzeichnung Rupert Stöckl
Fotografie Kai Stiepel (Rezepte), Dr. Kai-Uwe Nielsen (Einleitung)
Illustrationen Frank Duffek
Rezepte Hofbräuhaus München, Karl Benner, Erhard Schneider, Marco Schön
Einleitungstext Jossi Loibl
Redaktion Julei M. Habisreutinger, Martina Solter, Nicole Fischer
Herstellung Karin Mayer, Peter Karg-Cordes
Lithografie Christine Rühmer, inteca Media Service GmbH, Rosenheim
Druck & Bindung Mohn media Mohndruck GmbH, Gütersloh

Besuchen Sie uns auch im Internet unter www.zsverlag.de

# DAS Hofbräuhaus KOCHBUCH

ZABERT
SANDMANN

# Inhalt

HB

# Vorwort

Die bayerische Küche kann auf eine jahrhundertelange Tradition zurückblicken. Sie ist bodenständig, herzhaft und vielfältig. Geprägt durch das ländliche Leben wurde sie durch die höfische und bürgerliche Kultur der Städte weiterentwickelt und verfeinert. Als kulinarische Manifestation der bayerischen Mentalität ist sie Ausdruck eines besonderen Lebensgefühls. Gerade in unserer schnelllebigen Zeit ist bewusstes Genießen wichtig – eine Einstellung, die in der bayerischen Küche schon immer vertreten wurde. Langsam und bedächtig wird jedes Gericht zelebriert. Denn Genießen mit allen Sinnen ist viel mehr als nur Essen und Trinken: Es ist die Freude, mit Menschen zusammen zu sein – ein Zustand der Gemütlichkeit, der Körper, Geist, Seele und Herz gleichsam erfasst. Deshalb ist die bayerische Küche auch untrennbar mit unserer Bier- und Wirtshauskultur verbunden.

Das Münchner Hofbräuhaus am Platzl mit seiner über vierhundertjährigen Geschichte bekennt sich zu dieser Tradition. In einer Zeit des Fast Food setzt das Hofbräuhaus auf Frisches aus eigener Herstellung. Dabei werden weitgehend Produkte aus der Region verwendet wie Hendl und Saisongemüse, die den charakteristischen Geschmack der bayerischen Spezialitäten bewahren. Mit hohem Bewusstsein für Qualität und Vielfältigkeit serviert die Wirtsfamilie Sperger mit ihren Köchen den Gästen mit jedem Gericht ein Stück ursprüngliche bayerische Küche und kredenzt mit jedem Glas Bier den idealen Begleiter dazu. Seit über 25 Jahren und bereits in zweiter Generation ist die Familie Sperger Garant für ein authentisches Stück Münchner Tradition.

Wir freuen uns sehr, dass die Rezepte des Hofbräuhauses jetzt in einer Sammlung als Kochbuch vorliegen und hoffen, dass sich viele Genießer davon inspirieren lassen, die kulinarischen Wurzeln der bayerischen Heimat zu entdecken, wiederzuentdecken oder neu zu interpretieren.

Gute Unterhaltung beim Lesen, viel Freude bei der Zubereitung der Gerichte und vor allem guten Appetit wünscht Ihnen

*Dr. Michael Möller*
*Direktor Staatliches Hofbräuhaus in München*

HB
Hofbräuhaus
zum Biergarten
9

# Geschichte

*»In München steht ein Hofbräuhaus ...«*
*Das berühmteste Wirtshaus der Welt ist seit jeher Anziehungspunkt für Einheimische und Besucher aus aller Herren Länder. Hier kann jeder die urbayerische Lebensart und Gemütlichkeit hautnah erleben.*

# Die Geschichte

## *des berühmtesten Wirtshauses der Welt*

Die Gründung des Hofbräuhauses schon vor über 400 Jahren war und ist ein wahrer Segen für die Münchner und ihre Gäste. Allerdings verdanken sie das berühmteste Wirtshaus der Welt nicht etwa der Großzügigkeit seines Erbauers – das Gegenteil ist der Fall: Wilhelm V., von 1579 bis 1597 Herzog in Bayern, ist schlicht und ergreifend bankrott. Der Bau der Michaelskirche in München, die er den Jesuiten geschenkt hatte, bringt ihm zwar den Beinamen »der Fromme« ein, verschlingt dafür aber Unsummen. Und der Unterhalt seines 600 Köpfe starken Hofstaates ist auch nicht gerade billig, denn dieser hat einen Riesendurst und einen recht anspruchsvollen Geschmack dazu. Weil den Höflingen das einheimische Münchner Bier nicht schmecken mag, wird der Gerstensaft aus dem hannoverschen Einbeck importiert – fassweise auf dem Ochsenkarren. Quellen sprechen von 2000 Eimern jährlich, was heutzutage gut und gerne 130 000 Litern entspricht.

Wilhelm befiehlt seinen Beratern, einen Weg aus der Misere zu finden. Am 27. September 1589 unterbreiten ihm seine Räte die geniale Idee: Warum nicht ein eigenes Brauhaus bauen, das »(…) gleich bei der Hand liegt« und mit »geringsten Unkosten zu bauen und direkt am Hof zu errichten wäre?«. Wie immer, wenn es um die Geldbeschaffung ging, war die Politik höchst erfinderisch. Erfreut und erleichtert, nimmt Wilhelm den Vorschlag an und verpflichtet noch am selben Tag den Braumeister des neuen Hofbräuhauses, der das Projekt neben der Residenz am heutigen »Alten Hof« realisiert. Heimeran Pongraz leitet die Brauerei – sehr zur Zufriedenheit des verwöhnten Hofstaates – über 20 Jahre lang.

Als noch geschäftstüchtiger als sein Vater Wilhelm erweist sich dessen Nachfolger auf dem bayerischen Thron, Maximilian I. Er hat nicht nur einen anderen Biergeschmack – er zieht das spritzigere, helle Weißbier dem dunklen, malzigen Braunbier vor –, sondern verbietet auch kurzerhand anderen privaten Sudstätten, Weißbier zu brauen, und sichert damit seinem herzoglichen Hofbräuhaus eine stattliche Einnahmequelle. Das Bier ist so beliebt,

*Süffiges Bier, traditionelle Küche und zünftige Musik – das Hofbräuhaus steht für die sprichwörtliche bayerische Gemütlichkeit.*

dass die Brauerei kaum mehr mit dem Sieden nachkommt. Im Jahr 1605 werden 1444 Hektoliter gebraut, für damalige Zeiten eine riesige Menge. Maximilian beschließt 1607, die Weißbierbrauerei auszulagern, und lässt am Platzl eine neue Sudstätte errichten. An diesem Ort steht noch heute das Hofbräuhaus.

Dank seiner Brauerei fließt reichlich Geld in die Kasse von Herzog Maximilian, das dieser mit vollen Händen für die Schlachten im Dreißigjährigen Krieg wieder ausgibt. Doch der Führer des bayerischen Heeres kann nicht verhindern, dass die Schweden unter König Gustav Adolf am 16. Mai 1632 München besetzen. Nur die Lieferung von 344 Eimern (rund 22 000 Liter) Bockbier aus dem Hofbräuhaus kann die Brandschatzung und Plünderung der Stadt verhindern. Auch die 42 Münchner Geiseln werden wieder freigelassen.

Ab 1638 wird der segensreiche Maibock in einer Remise am Alten Hof auch an die Münchner Bürger ausgeschenkt.

Dass das Hofbräuhaus am Platzl ein richtiges Wirtshaus wird, verdanken die Münchner König Ludwig I., zu dessen Hochzeit mit Therese von Sachsen-Hildburghausen das Okto-

*Die beiden Brüder Wolfgang (3. v. l.) und Michael Sperger (nicht im Bild) legen gemeinsam mit ihren Küchenchefs großen Wert auf die traditionelle und niveauvolle bayerische Küche und ausgesprochene Gastlichkeit.*

berfest begründet wurde. Als sich die Münchner Privatbrauer und Wirte heftig beschweren, dass sich vermehrt auch das normale Volk am Hofbräu-Bier delektiert, sagt der populäre König »recht so« und verfügt 1828 per Dekret den öffentlichen Ausschank und die Bewirtung im Hofbräuhaus. Dies ist die Geburtsstunde des öffentlichen Betriebes am Platzl, wo sich der König gebührend feiern lässt.

Der Zeitzeuge Johann Mayerhofer notiert: »(...) und als gar König Ludwig mittendrin im Volke erschien und seinen Namen über die Türe der großen Gaststube eigenhändig schrieb, da brauste das ›Heil, unserem König, Heil!‹ durch die Hallen, dass die Fässer im Keller zu bangen begannen: Das Hofbräuhaus war salonfähig geworden, und die Fässer hatten zu zittern allen Grund.« 16 Jahre später stellt Ludwig I. erneut sein politisches Gespür unter Beweis. Am 1. Oktober 1844 senkt der König, nachdem unzufriedene Soldaten Krawalle ausgelöst hatten, den Preis für eine Maß Hofbräu-Bier von sechseinhalb auf fünf Kreuzer, um »der arbeitenden Klasse und dem Militär die Möglichkeit zu geben, sich einen gesunden und wohlfeilen Trunk zu leisten«. Diese Preissenkung lässt den Absatz wiederum so sehr ansteigen, dass das Hofbräuhaus regelmäßig leergetrunken ist. Fast 50 Jahre später wird es der königlichen Hofbrauerei mal wieder zu eng, und sie zieht nach Haidhausen. Am Platzl entsteht im Neu-Renaissancestil das Wirtshaus in seiner heutigen Form. Der Entwurf stammt von dem Chemnitzer Architekten Max Littmann. Er erbaute neben weiteren Großgaststätten wie dem Matthäserbräusaal und den Pschorrbräu-Bierhallen auch das Münchner Prinzregententheater und die Hoftheater in Weimar und Stuttgart. Prunkstück des neuen Hofbräuhauses ist der große Festsaal mit seinem neun Meter hohen Tonnengewölbe und einer reichen Ausstattung mit Wappenfriesen und Fresken, die Personen der bayerischen und Münchner Geschichte zeigen. Über 1000 Gäste finden hier Platz. Zusammen mit der Schwemme, der Trinkstube und den übrigen Räumlichkeiten können am Platzl 3500 Menschen gleichzeitig bewirtet werden.

*In der Schwemme finden bis zu 1300 Gäste unter den Kreuzgewölben Platz. Hier trifft sich die ganze Welt. Gemütliche Tische mit eingeritzten Initialen und Namen zeugen davon.*

Seit seiner Eröffnung im Jahr 1897 ist das Hofbräuhaus eine wahre Pilgerstätte. Neben Münchner Bürgern, die ein Besuch mit der Familie mehrere Tageslöhne kostet, kommt auch echte Prominenz wie 1898 die österreichische Kaiserin Sisi. Die gute alte Zeit endet jedoch abrupt mit dem Ausbruch des Ersten Weltkriegs, es folgen unruhige Jahrzehnte. 1919 ruft Eugen Leviné im großen Festsaal die kommunistische Räterepublik aus, im Jahr 1920 verkündet Adolf Hitler ebendort das 25-Punkte-Programm seiner Nazipartei. Als Hitlers »Tausendjähriges Reich« nach zwölf Jahren endlich zu Ende ist, liegt München in Schutt und Asche – auch das Hofbräuhaus am Platzl. Nur ein Teil der Schwemme steht noch.

»Die Amis kommen«, heißt es am 30. April 1945. München ist sturmreif gebombt, doch stürmen muss die U.S. Army die Stadt nicht. Vorsichtig rücken die Soldaten der Rainbow-Division von Pasing her gegen die Innenstadt vor. Am Nachmittag erreichen sie mit ihren Jeeps den Marienplatz. Ein paar Ruinen weiter treffen sie auf das zerstörte Hofbräuhaus. Für die Münchner beginnt jetzt die Zeit von Trümmerräumen, Lebensmittelmarken und Dünnbier. Es sind nicht zuletzt die amerikanischen Besatzer, die mit ihren Dollars die Münchner Gastronomie sanieren und in ihrer Freizeit so manches Bier in Begleitung von Münchner »Frauleins« trinken.

1958, pünktlich zur 800-Jahr-Feier der Stadt München, ist der Wiederaufbau des heutigen Hofbräuhauses abgeschlossen.

Für die amerikanischen Touristen, die ab den Fünfzigerjahren Deutschland besuchen, gehört ein Besuch im Hofbräuhaus zum absoluten Pflichtprogramm. Bis zu 30 000 Gäste besuchen täglich das berühmteste Wirtshaus der Welt. Sie werden heute von der Familie Sperger und ihren Mitarbeitern willkommen geheißen und genießen das süffige Bier, die traditionelle Küche und die zünftige Musik – was zusammen die berühmte Gemütlichkeit ergibt. Ein Wort, das in keiner anderen Sprache existiert – so wie es das Hofbräuhaus auch nur am Münchner Platzl gibt.

# Berühmte Gäste

## *im Hofbräuhaus*

Ein so prominentes und beliebtes Wirtshaus wie das Hofbräuhaus zieht auch prominente Gäste an. Wer nach München kam, konnte und wollte auch schon vor Jahrhunderten nicht am Platzl vorbei. So auch Wolfgang Amadeus Mozart, der im Jahr 1780 in einem Haus in der Burgstraße wohnt, wo er seine Oper Idomeneo komponiert und nebenher etliche Stunden im Hofbräuhaus verbringt. Das Werk wird im Jahr 1781 am Cuvilliés-Theater uraufgeführt und ist ein großer Erfolg.

Nach der Neueröffnung 1897 wird das Hofbräuhaus zum Magneten für immer mehr Besucher aus aller Welt. Kaiserin Sisi ist da fast noch eine Einheimische, aber weit gereist ist Wladímir Iljítsch Uljánow – genannt Lenin: Der russische Revolutionär geht sehr gerne ins Hofbräuhaus. Der Bolschewik organisiert seine Revolution zeitweise sogar von einer Schwabinger Wohnung aus. Noch 1914, vier Jahre vor dem Umsturz in Russland, ist er zu Gast am Platzl. Besonders haben es ihm die Initialen HB angetan: Kyrillisch gelesen, bedeuten sie NW oder »Narodnaja wolja« – was mit »Volkswille zur Freiheit« übersetzt werden kann. Seine Lebensgefährtin Nadjeschda Krupskaja schreibt in ihrem Tagebuch: »Besonders gern erinnern wir uns an das Hofbräuhaus, wo das gute Bier alle Klassenunterschiede verwischt.«

Ein anderer Politiker, der als größter Massenmörder in die Geschichte eingehen sollte, übt sich als Agitator im Hofbräuhaus: Adolf Hitler spricht hier vor benebelten Anhängern. Er selbst hält sich an Mineralwasser, das der Wirt unter Bewachung eines SS-Mannes persönlich aus dem Keller holen muss – aus Angst vor einem Giftanschlag.

In den Roaring Twenties wird auch der Revuestar Josephine Baker am Platzl begrüßt.

Nach dem Zweiten Weltkrieg kann das Hofbräuhaus zum Glück wieder an diese Glanzzeiten anknüpfen. Der aufkommende internationale Jetset gibt sich ein Stelldichein. Die Begum Aga Khan, Exkaiserin Soraya, die Besatzung der Apollo 15, Leonard Bernstein, Arthur Miller, Arnold Schwarzenegger – die Liste der Gäste lässt sich noch verlängern. Die meisten Prominenten wollen inkognito blei-

*Die österreichische Kaiserin Elisabeth war drei Monate vor ihrem Tod 1898 noch Gast im Hofbräuhaus. Sie hatte es als »Einheimische« nicht weit.*

ben und schaffen das auch in den meisten Fällen. Und wenn sie doch erkannt werden, gilt der Satz: Beim Bier sind alle gleich.

Es ist ein Russe, der den wohl spektakulärsten Auftritt hier hat: Michail Gorbatschow. So etwas hatte selbst das Hofbräuhaus noch nicht gesehen: Stehende Ovationen für einen Politiker, noch dazu für einen Exkommunisten. Gorbatschow ist nicht mehr Präsident der GUS, als er 1992 nach München kommt. Doch der Privatier wird auf der Promotiontour für sein Buch »Zerfall der Sowjetunion« wie ein höchster Staatsgast begrüßt. Die große Ehrenkompanie der Gebirgsschützen steht Spalier, eine ältere Münchnerin fällt ihm um den Hals und dankt ihm mit tränenerstickter Stimme dafür »dass er den Frieden gebracht hat«. 15 000 Menschen erwarten ihn am Marienplatz. »Liebe Münchner«, beginnt er seine kleine Rede, die im lauten Jubel fast untergeht. Und erst der Abend im Hofbräuhaus: ab 15 Uhr – auch das gab's noch nie – werden die Touristen von den Ordnern weggeschickt (»No beer, Gorbatschow is coming«). Um 16.30 Uhr ist der Festsaal hoffnungslos überfüllt, drei Stunden später endlich kann die CSU bei ihrem traditionellen Fischessen den ehemaligen Klassenfeind begrüßen. »Herr Präsident«, begrüßt ihn Stadtrat Adi Wiedemann, Ministerpräsident Max Streibl hatte den Gast vorher schon als »Exzellenz« willkommen geheißen.

Gorbatschow zieht bei seiner Rede alle Register, von charmant bis dramatisch reicht seine Ausdrucksweise. Er witzelt über das Hofbräuhaus, mit ernster Miene beschwört er dramatische Zeiten im deutsch-sowjetischen Verhältnis. Die Gäste stehen auf den Stühlen. »Gorbi, Gorbi!«, dröhnt es laut durch den Saal. Die Kapelle intoniert einen Kasatschok, CSU-Chef Theo Waigel setzt Gorbatschow einen Trachtenhut auf, der ihm sogar passt. Und als Waigel mit Gorbatschow und seiner Frau Raissa anstößt, spielt die Kapelle »In München steht ein Hofbräuhaus«.

*Wolfgang Amadeus Mozart war während seines München-Aufenthaltes ein begeisterter Besucher des Hofbräuhauses.*

# Die Hofbräu-Hymne

## *und die Musik in der Schwemme*

*In München steht ein Hofbräuhaus, eins, zwei, gsuffa,*
*Da läuft so manches Fässchen aus, eins, zwei, gsuffa,*
*Da hat schon mancher brave Mann, eins, zwei, gsuffa,*
*gezeigt, was er vertragen kann, eins, zwei, gsuffa.*
*Schon früh am Morgen fing er an.*
*Und spät am Abend kam er heraus, so schön ist's im Hofbräuhaus.*

Es ist die Hymne der Bierseligen und ein Ohrwurm ohnegleichen: das Lied vom Hofbräuhaus. Und in aller Welt glaubt man, der schunkelige Walzer komme aus München und sei bayerische Volksmusik. Doch ebenso wie die Art des Bieres und die Architektur des Hauses ist auch dieses Stück Hofbräuhaus nicht so ganz münchnerisch, sondern nur äußerst geschickt eingebürgert. Der Komponist des Stückes, Wiga Gabriel, war ein Berliner und verlegt wurde die Musik dann in Sachsen. Bezeichnenderweise heißt es in der Originalversion auch nicht bairisch »oans, zwoa« sondern »eins, zwei, gsuffa«.

Bekannt wurde das Lied vom Hofbräuhaus auch nicht beim Bier, sondern beim Dürkheimer Wurstmarkt, dem größten Weinfest in der Pfalz, wo 1936 die Zuhörer bei herbem Schoppen und deftigem Saumagen zu der Melodie schunkelten. In München wird das Lied der Faschingsschlager schlechthin und setzt sich in den Ohren und im Hofbräuhaus fest. Mindestens stündlich spielt es die Kapelle, sei es ab elf Uhr zur Frühschoppenzeit oder auch am Abend. Und die Gäste schunkeln nicht nur mit, manche tanzen beseelt von Bier und Gemütlichkeit im Walzertakt, vor der Kapelle oder auch zwischen den Tischen und Bänken in der Schwemme.

Melodie und Rhythmus sind so einfach, dass alle mitsingen können – oder auch dirigieren. Das lässt sich auch »Terminator« Arnold Schwarzenegger nicht entgehen. Als 1998 gegenüber dem Hofbräuhaus am Platzl das Planet Hollywood eröffnet, an dem der heutige Gouverneur von Kalifornien seinerzeit beteiligt war, wird er fast öfter im Hofbräuhaus gesichtet als im eigenen Lokal.

Ein wenig peinlich, aber lustig für die Beobachter, endet ein Besuch in der Schwemme für den Sänger Lou Bega. Eiligst hatte die Hofbräuhaus-Kapelle die Noten für Begas Superhit »Mambo No. 5« besorgen lassen. Als die gefaxten Kopien endlich auf den Notenpulten klemmen, stellen die Musiker erstaunt fest, dass die Musik so neu gar nicht ist, sondern im Grundschema aus den Fünfzigerjahren stammte. Damals war schon einmal eine Latinowelle durch die Musiklande geschwappt und eine gute bayerische Kapelle kennt und kann eben alles. Und damit nicht genug, als die Musiker nach den Mühen der Notenbeschaffung den Star endlich auf die Bühne bitten wollen und ihm quasi den roten Teppich ausrollen, muss Lou Bega abwinken. Er darf nicht, weil er alle, aber wirklich alle Auftrittsrechte an seinen Musikagenten abgetreten hatte – selbst ein Ständchen im Hofbräuhaus. Nur fürs Posieren und Dirigieren für ein TV-Team reicht es, was er dann auch ausgiebig tut.

Einen legendären Auftritt zur Musik hat auch Dichter und Filmemacher Herbert Achternbusch, als er seinen 60. Geburtstag im Hofbräuhaus feiert. Wie es üblich ist, kam der damalige Kapellmeister Reinhold Frank mit den Kollegen an den Tisch des Jubilars, um ihm ein Ständchen zu bringen. Ein grantiger Achternbusch begrüßt die Musiker als »Bettler«, kommandiert sie herum, um ihnen dann, als sie wieder abziehen, 100 Mark hinterherzuwerfen. Frank liefert den Geldschein persönlich wieder ab – ein Kapellmeister im Hofbräuhaus hat seinen Stolz. Und er ist in der Tat etwas Besonderes: Nur hier wird die alte Bierkellertradition der Lifemusik mit solcher Inbrunst gepflegt. Zum Frühschoppen ab elf Uhr und über die Mittagszeit bis 15 Uhr und ab 17.30 Uhr spielt jeden Tag die Kapelle – ein schier unbegrenztes bayerisch-internationales Repertoire und natürlich immer wieder das Lied vom Hofbräuhaus. Und an den Wochenenden spielen seit einigen Jahren Gastkapellen aus ganz Bayern, die gleich ihren Fanclub dabeihaben, der das Unternehmen für einen Ausflug nach München nutzt – eben wie in der guten alten Zeit.

*In der Schwemme (links) spielt täglich die Musikkapelle. Und die Hofbräuhaus-Festkapelle (rechts) tritt beim bayerischen Abend auf: Trachtengruppen, Alphornbläser, Jodler und Schuhplattler sorgen für gute Unterhaltung.*

# Künstler im Hofbräuhaus

## *Originale und Originelles*

Literaten, Zeichner und Maler zählen schon seit jeher zum Publikum des Hofbräuhauses. Sie trinken hier nicht nur ihr Bier, sondern lassen sich auch inspirieren. Hans von Hopfen, Karl Theodor von Heigel und Frank Wedekind wurden vor der Wende vom 19. zum 20. Jahrhundert hier gesichtet. Ludwig Thoma kam bereits als Schüler und schreibt in seinen »Erinnerungen« über seinen Onkel: »Wenn Maibock ausgeschenkt wurde, nahm er mich zuweilen mit, und da konnte es geschehen, dass er in eine bedenkliche Fröhlichkeit geriet und beim Heimweg den Hut sehr schief aufsetzte. Bei einem dieser Frühschoppen zeigte er mir einmal einen alten Herrn, der aussah wie ein Oberförster aus der Jachenau oder vom Königssee. ›Das ist der Kobell‹, sagte mein Onkel. ›Und jetzt hast amal an bayrischen Dichter g'sehn.‹«

Eine nicht enden wollende Quelle an Motiven ist das Hofbräuhaus für August Roeseler. Der Hamburger war als Kunststudent an die Münchner Akademie gekommen. Seine Motive wurden zu beliebten Postkarten und auch in der satirischen Schrift »Fliegende Blätter« gedruckt. Er hielt sie alle fest, die grantige Kellnerin, den Kalbshaxenesser, den Touristen aus Berlin und den Münchner mit seinem Dackel.

Ebenfalls mit Papier und Stift arbeitete Franz Mandlinger, der es vor dem Zweiten Weltkrieg als »Hofbräuhaus-Lenbach« zu lokalem Ruhm brachte. Er hatte ebenfalls an der Kunstakademie studiert und wollte zur Weiterbildung nach Italien. Dort stahl ihm ein Studienkollege sämtliche Ersparnisse, und Mandlinger kehrte ohne Geld nach München zurück, wo er sich mit Porträtzeichnungen durchs Leben schlug. Sein Revier war das Hofbräuhaus, wo er so illustre Gäste wie den Tenor Richard Tauber, den Zündholzmillionär Ivar Kreuger und den US-Pressemagnaten William Hearst porträtierte. Bezahlt wurde mit einer Maß Bier oder, wenn's ganz schlecht lief, mit Essensresten. Als das Hofbräuhaus im Bombenhagel in Schutt und Asche fiel, sah er seine Existenzgrundlage zerstört. »Jetzt hab ich

*Links: Das Deckenfresko im Treppenhaus mit dem typisch weiß-blauen Himmel, in dem Wappen und Krone schweben. Unten: Der Dienstmann Aloisius bei der Arbeit.*

nix mehr verloren auf der Welt«, soll er gesagt haben. Nachbarn fanden ihn dann vier Wochen vor Kriegsende tot in seinem ärmlichen Zimmer in der Isarvorstadt.

Literatur und Illustration gemeinsam haben dem berühmtesten Stammgast ein Denkmal gesetzt. Ludwig Thoma wählte das Hofbräuhaus im Jahr 1911 als Schauplatz für seine Satire: Der Dienstmann Alois Hingerl erledigt einen Auftrag mit solcher Hast, dass er vom Schlag getroffen verstirbt. Im Himmel mag es ihm gar nicht gefallen, denn dort soll er Hosianna singen, zum Essen gibt's Manna und von Bier ist weit und breit keine Spur. Als er laut zu granteln anfängt und die himmlische Ruhe stört, kommt der liebe Gott auf die Idee, den Dienstmann als Boten auf die Erde zu schicken, mit göttlichen Eingebungen für die Staatsregierung. Doch auf dem Weg dorthin kommt Aloisius an seinem geliebten Hofbräuhaus vorbei, wo er sich eine Maß genehmigt, noch eine und noch eine. Und da sitzt er noch heute, und die Staatsregierung wartet vergeblich auf die göttlichen Ratschläge.

Veröffentlicht wurde die Geschichte in der Satirezeitschrift »Simplicissimus«, illustriert von Olaf Gulbransson. Als Zeichentrickfigur machte Aloisius in den 1960er-Jahren Karriere. Walter Reiner zeichnete ihn – anders als Gulbransson – als liebenswertes, rundliches Männlein. In den 1990er-Jahren wurde die Figur wieder berühmt. CSU-Kandidat Peter Gauweiler lässt sich im Wahlkampf um das Amt des Oberbürgermeisters als Engel Aloisius plakatieren. Gauweiler verliert erst die Wahl und dann den Prozess ums Urheberrecht.

Die Motive von Walter Reiner schmücken seit 1999 das Aloisius-Stüberl, das an die Schwemme angrenzt, und wer hier sitzt, fühlt sich wie der Münchner im Himmel.

# Krüge hinter Schloss und Riegel

## *Das Privileg für Stammtischler*

Der Wirtshausstammtisch ist eine vom Aussterben bedrohte Art. Aber bestimmt nicht im Hofbräuhaus. Hier lebt diese Kultur, hier finden diese Runden Zuflucht, in denen das Leben im Allgemeinen und im ganz Speziellen diskutiert wird. Von der Taxlerclique bis hin zum Tennisclub: Über 100 Stammtische treffen sich regelmäßig im Hofbräuhaus. Die meisten von ihnen pilgern einmal pro Woche in das Münchner Mekka der Stammtische, wo ihnen dann zu einer festen Zeit die Plätze freigehalten werden. Über vielen Tischen zeigen originell gestaltete Schilder, wer sich hier regelmäßig versammelt. Fast alle Stammtische treffen sich in der Schwemme – ein bisschen Sehen und Gesehenwerden sollten natürlich schon sein. Besonders sehenswert sind beispielsweise die prächtigen Gamsbärte auf den Hüten der »Königstreuen«, ein höchst beliebtes Fotomotiv.

Im Hofbräuhaus herrscht alles andere als eine Klassengesellschaft. Doch einige genießen trotzdem ein ganz besonderes Privileg. Jahrzehnte kann es dauern, bis dieser Stammgasttraum in Erfüllung geht: ein eigenes Fach in einem der vielen großen schmiedeeisernen Regale mit verschließbaren Bügeln – den Maßkrugtresoren. Voller Bewunderung werden sie angeschaut, manchmal sogar mit Neid: die stolzen Mieter eines der 505 Schließfächer. Legenden ranken sich darum, wie man an ein solches Fach kommt. Die drei Euro Miete pro Jahr können es nicht sein. »Eigentlich ist es ganz einfach«, erklärt Wirt Wolfgang Sperger. »Es sind besonders treue und nette Gäste, denen wir erlauben, ihr wertvolles Stück bei uns unterzustellen. Keinesfalls so genannte Promis.« Der prominenteste Fachinhaber ist wohl Ex-Hofbräu-Direktor Albert Riedl. Ein ganz typischer ist der Münchner Schreinermeister Konrad Brunner. Behutsam öffnet er das glänzende Messingschloss, hebt den schmiedeeisernen Bügel an und nimmt vorsichtig den steinernen Krug mit dem gravierten Zinndeckel heraus. Seit seiner Meisterfeier vor über 30 Jahren kommt er regelmäßig zum Stammtisch. Vor ein paar Jahren nahm er sich ein Herz und fragte ganz vorsichtig bei

*Links: 505 Maßkrüge finden Platz in den Maßkrugsafes, einer Kuriosität im Hofbräuhaus.*
*Unten: Nach dem Stammtisch spült jeder Tresorbesitzer seinen Krug persönlich an der Hauptschwemme aus.*

der Seniorwirtin Gerda Sperger an und sie versprach sich zu kümmern. Bei der Einweihung des dritten Tresors war es dann so weit.

Gebaut hat den neuen Safe der Ebersberger Kunstschmied Manfred Bergmeister, der bereits den ersten von 1972 konstruiert hatte: »Wir wollten so verhindern, dass Souvenirjäger so viele Krüge verschwinden lassen«, erklärt der Handwerksmeister. Dass er über 30 Jahre später wieder zum Zuge kam, verdankt er einem Vertrag von damals. »Als das Stück fertig war, vereinbarte ich mit der Brauerei, dass ich für niemand anderen solche Tresore baue – und dass kein anderer hier einen baut.«

Wer nun endlich einen Schlüssel hat, gibt ihn sicherlich so schnell nicht mehr her. Aber wenn ein Gast längere Zeit nicht kommt, wird das durchaus registriert. Zum Jahreswechsel bekommt jeder einen Zettel in den Krug gesteckt, mit der Bitte, die Miete zu bezahlen. Wenn sich jemand über längere Zeit nicht meldet, kann das natürlich mehrere Gründe haben. »Oft sind die Gäste dann leider krank, und ganz besonders tragisch ist es, wenn sie verstorben sind«, so der Wirt.

Das begehrte Schließfach ist nicht vererbbar, auch wenn es mal vorkommt, dass die Nachkommen das Fach übernehmen dürfen. »Aber wir reden natürlich mit den Leuten und fühlen ganz genau nach, wie groß das Interesse wirklich ist«, erläutert Wolfgang Sperger.

Denn wer seinen Krug im Hofbräuhaus lässt, muss ein besonderes Verhältnis zu dem Stück haben. Viele dieser Gäste lassen es sich nicht nehmen, ihn persönlich an der Schänke befüllen zu lassen – und die Reinigung und Pflege obliegt ihnen auch. Wenn die Sitzung am Stammtisch beendet ist, gehen sie mit dem leeren Krug zur Hauptschänke, spülen ihn im großen Kupferbecken aus und gehen mit dem Krug und einer Papierserviette zum Tresor. Das Papier wird vorsichtig unter den Deckel geklemmt, damit Luft hineinkommt und der Krug keinen schlechten Geruch annimmt. Vorsichtig kommt das Gefäß hinters Schmiedeeisen zurück – bis zum nächsten Mal.

# Vom Einbock zum Maibock

## *Der Bockbierkeller*

Wir schreiben das Jahr 1614. Neubau und Einrichtung der herzoglichen Brauerei am Platzl sind abgeschlossen, die Sude funktionieren, aber der durstige Hofstaat ist unzufrieden: Früher gab es doch immer das gute, starke Bier aus dem hannoverschen Einbeck und jetzt nur noch das selbst gebraute Braun- und Weißbier, welches tatsächlich weniger gehaltvoll war als der zuvor teuer aus dem Norden importierte Gerstensaft. Ein selbst gebrauter stärkerer Stoff muss her!

Elias Pichler, Nachfolger des ersten Hofbräu-Braumeisters Heimeran Pongraz und kurzerhand aus Einbeck abgeworben, präsentiert Anfang 1614 das erste in München gebraute Bier nach »ainpockhischer Art«. Das überaus gelungene Gebräu ist zunächst nur für die herzogliche Tafel reserviert, das Gesinde muss sich weiterhin am dünneren Bier laben. Doch dem starken dunklen Bier eilt ein solcher Ruf voraus, dass sogar die Schweden bei der Besetzung Münchens 1632 im Dreißigjährigen Krieg 22 000 Liter als Tribut verlangen. Die Münchner Bürgerschaft drängt, sie will ebenfalls an dem noblen Trinkvergnügen teilhaben. Kurfürst Maximilian I. gibt nach, und in einem Nebengebäude des Alten Hofs wurde das »Ainpockhische« zum ersten Mal offiziell ausgeschenkt. Das Bier ist ein Riesenerfolg, und obwohl sich der Ausschank nur auf eine kurze Zeit im Frühjahr erstreckt, muss das Hofbräuhaus vergrößert werden.

Im Lauf der Jahrhunderte verballhornen die Münchner den Biernamen zuerst zu »Einbock«, später sprach man nur noch vom »Bock«. Bis ins Jahr 1818 bleibt es Privileg des Hofbräuhauses, dieses starke Bier zu brauen, das ab 1826 jeden Mai in der »Alten Münze« stattfindet. Den Ort nennen die Münchner kurzerhand »Bockstall« oder »Bockkeller«. Soldaten, Politiker, Beamte, Studenten und Professoren – hier werden sie zu Brüdern im Biere. Standesunterschiede sind aufgehoben – zumindest für die Zeit, in der man gemeinsam am Biertisch sitzt. Der Schriftsteller und Träger des Literatur-Nobelpreises, Paul von Heyse, schreibt begeistert von der »demokratisierenden Macht des Bieres« und lobt: » (...)

*Links: Eine Scherzpostkarte über das Bockbier.*
*Unten: Maibock wird im extra Maibockglas serviert.*

der geringste Arbeiter ist sich bewusst, dass der hochgeborene Fürst und Graf keinen besseren Trunk sich verschaffen könne als er (...).«

Ab 1873 wird das legendäre Bier im Hofbräuhaus am Platzl gezapft, wo sich die jährliche Premiere zum Ereignis von hohem gesellschaftlichem Rang entwickelt: bei der »Maibockprobe« für die »Großkopferten«, die sich vor dem Ersten Weltkrieg etabliert hat und bei der Landtagsabgeordnete und andere Prominenz reichlich dem Freibier zusprechen. Dies hält der Volksschriftsteller Ludwig Thoma auch in seinen legendären Filserbriefen für die Nachwelt fest und macht darin die Politiker nach Kräften lächerlich.

Die Tradition der Maibockprobe wird bis heute gepflegt, wobei die Politiker und ihre Gäste keinen Ludwig Thoma mehr brauchen, der sich über sie lustig macht. Für den Humor sorgt hier der Chef selbst.

Die Auftritte von Bayerns Finanzminister Dr. Kurt Faltlhauser zum Auftakt der Maibocksaison sind legendär. Nicht etwa, weil es mit dem Anzapfen des ersten Fasses nicht klappen würde. Das beherrscht der CSU-Politiker perfekt und erledigt es in der Regel mit drei Schlägen. Nein, seine selbst geschriebenen und vorgetragenen Kabarettnummern über die bayerische Politik im Allgemeinen und das Kabinett im Speziellen sind an Scharfzüngigkeit und versteckten Gemeinheiten kaum zu überbieten. Nur gut, dass bei der Gelegenheit immer der süffige bernsteinfarbige Maibock bereitsteht und es wohl gelaunt heißen kann »Prost, schwoa'm mas obe!« (»Prost, spülen wir's runter!«)

# Die Brauerei

## *auf dem Weg in die Zukunft*

Das Jahr 1896 bedeutet für den Braubetrieb des Hofbräuhauses einen historischen Einschnitt: Über 300 Jahre lang wurde in unmittelbarer Nähe der Residenz gebraut, jetzt zieht die Brauerei vor die Tore der Stadt aufs Isarhochufer. Über den Lagerkellern an der Inneren Wiener Straße in Haidhausen lässt Prinzregent Luitpold eine neue Sudstätte errichten. Am 22. Mai 1896 wird am Platzl der letzte Biersud angesetzt und drei Wochen später bereits in den neuen Gärkeller verfrachtet. Die alten Teile der Einrichtung, die nicht mehr zu gebrauchen waren, werden verschrottet und neue Geräte angeschafft.

Am 10. August 1896 kann der erste Sud in der neuen Braustätte angesetzt werden. Hier wird mit neuer Technik und neuen wissenschaftlichen Erkenntnissen gearbeitet. Künstliche Kühlung ermöglicht eine verbesserte Kontrolle des Brauvorgangs. Die Biere werden hochwertiger, stabiler in der Haltbarkeit und eignen sich besser für den Export. Münchens Brauereien setzen auf Expansion und die Verlagerung ihrer Betriebe. So auch der Freistaat mit seiner staatlichen Hofbräu-Brauerei. Ab 1980 wird projektiert, im September 1986 erfolgt der erste Spatenstich am neuen Standort München-Riem, am 23. November 1988 die feierliche Einweihung. 76 Millionen Mark kostet der Neubau. Ein eigener Tiefbrunnen zur Brauwassergewinnung, die Verkehrsanbindung an Schiene und Autobahn sowie eine technische Ausstattung auf dem neuesten Stand der Technik machen aus der Hofbräuhaus-Sudstätte eine der modernsten Brauereien Deutschlands und Europas. Der Betrieb ist auf eine Jahreskapazität von 250 000 Hektoliter ausgelegt. Doch um die wachsende Nachfrage im In- und Ausland befriedigen zu können, muss die Brauerei bereits sieben Jahre nach ihrer Erbauung vergrößert werden: Zu den 51 bereits bestehenden Lagertanks kommen im August 1995 vier neue mit einer Gesamtkapazität von über 6000 Hektolitern dazu – fast hundert Jahre nach dem Auszug der Brauerei aus der Münchner Innenstadt.

*Unten: Die Zeichnung von G. Heine zeigt den Umbau des Hofbräuhauses von der Brauerei zur Gaststätte.*

Elf Sorten Bier produziert die Hofbräu-Brauerei heute, vom klassischen Münchner Hell über Traditionsbiere wie Dunkel oder Festbier, bis hin zu den immer beliebter werdenden Weißbieren. Und das alles zur großen Freude des bayerischen Finanzministers, der als oberster Dienstherr dieses Staatsbetriebs jedes Jahr eine nicht unerhebliche Dividende überwiesen bekommt.

Dass der ganze Stolz der Hofbräu-Brauerei die Münchner Heimat ist, sieht man bereits am Slogan »Hofbräu: Mein München«. Dieser zeigt die enge Verbindung zur Stadt und ihren Menschen. Anzeigenkampagnen inszenieren lebensfrohe Stimmungen an bekannten Münchner Plätzen, wie zum Beispiel am Eisbach und der Residenz – mit Menschen, die ein modernes Bayern verkörpern. Hier sind Tradition und Moderne kein Widerspruch. Eines wird jedoch immer so bleiben: das Bekenntnis zum Münchner Bier und seiner Qualität.

Wesentlich am Erfolg beteiligt ist das Auslandsgeschäft mit den drei Säulen Direktexport, Lizenz- und Franchisegeschäft, denn das Buchstabenpaar »HB« ist weltweit ein Begriff. Und so wundert es nicht, dass Bierkenner aus dem Ausland das Original aus München trinken wollen und renommierte Produzenten nicht nur in England oder Ungarn, sondern auch in Indien und China Hofbräubier in Lizenz brauen. Das geht natürlich nur unter permanenter Kontrolle durch das Hofbräu-Team.

Durch die Vergabe von Franchise-Verträgen transportiert die Münchner Institution die bayerische Lebensart ins Ausland. Gastronomen können – mit professioneller Unterstützung aus München und unter Nutzung der seit 1879 geschützten Markenrechte – originalgetreue Hofbräuhaus-Gastronomie anbieten. Der bedeutendste Coup dieser Art: In der US-Unterhaltungsmetropole Las Vegas entsteht 2004 eine originalgetreue Kopie des Hofbräuhauses München – gleich neben dem berühmten Hardrock Café. Ein schöner Zufall, denn die Münchner Ausgabe des Hardrock Cafés steht am Platzl – gegenüber dem Hofbräuhaus.

HB
MÜNCHEN

# Die Küche

*Die Hofbräuhaus-Küche kennt keinen Ruhetag, selbst an Weihnachten stehen die Gäste nicht vor verschlossenen Türen. Täglich werden Tausende Liter des süffigen Hofbräu-Biers gezapft und dazu die traditionell-bayerischen Spezialitäten serviert.*

# Bier

## *Geschichte und Genuss*

Das damalige Bier, das zur Gründungszeit im Hofbräuhaus gebraut wurde, würden wir heute kaum als Bier erkennen, obwohl es nach dem Reinheitsgebot hergestellt wurde, das Herzog Wilhelm IV. im April 1516 in Ingolstadt für ganz Bayern erlassen hatte und das zum Brauen lediglich die Verwendung von Gerste, Hopfen und Wasser gestattete. So lautete der Kernsatz des herzoglichen Erlasses von 1516 im Original:

*»... Ganz besonders wollen wir, dass forthin allenthalben in unseren Städten, Märkten und auf dem Lande zu keinem Bier mehr Stücke als allein Gersten, Hopfen und Wasser verwendet und gebraucht werden sollen. Wer diese unsere Anordnung wissentlich übertritt und nicht einhält, dem soll von seiner Gerichtsobrigkeit zur Strafe dieses Fass Bier, so oft es vorkommt, unnachsichtlich weggenommen werden ...«*

Das Reinheitsgebot ist die älteste heute noch gültige lebensmittelrechtliche Vorschrift der Welt. Zugleich ist es der Höhepunkt einer sich über mehrere Jahrhunderte hinweg erstreckenden rechtlichen Entwicklung, bei der es den Obrigkeiten und Instanzen darum ging, die Qualität des Bieres, einem Hauptnahrungsmittel der Bevölkerung, zu verbessern. Bereits im Jahr 1447 hatte der Münchner Stadtrat von den Brauern verlangt, dass sie zum Bierbrauen ausschließlich Gerste, Hopfen und Wasser verwenden dürfen »... *und sonst nichts darein oder darunter tun oder man straffe es fuer valsch*«.

Bierbrauer waren im Mittelalter mitunter auf verwegene Methoden gekommen, um ihrem Gebräu einen besonderen Geschmack zu verleihen oder es vor allem haltbarer zu machen. Um dunkles Bier zu erhalten, wurde kurzerhand Ruß zugegeben. Auch Kreidemehl kam zum Einsatz, um sauer gewordenes Bier wieder genießbar zu machen. Sogar der Zusatz von Fliegenpilzen zur »besonderen Verfeinerung« ist überliefert.

Waren bis zum Erlass des Reinheitsgebots die norddeutschen Brauer aufgrund ihrer strengen Zunftordnung mit ihren Bierqualitäten unerreicht, so änderte sich das rasch und Bayern holte auf. Dennoch blieb das Brauen über Jahrhunderte mehr oder weniger dem Zufall unterworfen. Oft wusste man nicht einmal, ob überhaupt eine Gärung stattfinden würde. Die sich während des Gärungsprozesses absetzende Hefe wurde mitunter sogar für eine Verunreinigung gehalten. Mit Sicherheit war das Bier oft sauer und enthielt viel weniger Kohlensäure als heute. Ein kontrollierter Brauprozess im modernen Sinne wurde erst mit den mikrobiologischen Erkenntnissen von Louis Pasteur möglich, der als Erster die Bedeutung der Hefe und der durch sie ermöglichten alkoholischen Gärung erkannte.

Die nächste bahnbrechende Entwicklung war die Kühltechnik. Der Münchner Carl von Linde leistete hier die Pionierarbeit. Seit der Wende vom 19. zum 20. Jahrhundert war es durch künstliche Kühlung möglich, auch in der warmen Jahreszeit helle Biere in dem Stil herzustellen, wie er sich von München aus auf der ganzen Welt verbreitete. Dieses Bier entsteht, wenn die Würze, also das in Wasser gelöste Malz, mit sogenannten »untergärigen« Hefen zur Vergärung bei tieferen Temperaturen gebracht wird. Diese Hefe wird so bezeichnet, weil sie sich am Boden des Gärgefäßes absetzt, – im Gegensatz zur »obergärigen Hefe«, die oben auf dem (Weiß-)Bier schwimmt. Jetzt waren die Brauereien in der Lage, praktisch jederzeit das gewünschte Bier zu brauen, vom hellen über dunkles Bier bis hin zum Festbier. Auch moderne Methoden der Wasseraufbereitung ermöglichten noch mehr Kontrolle über den Brauprozess und sein Ergebnis. So lässt sich beispielsweise mit weichem Wasser besser ein helles Bier einbrauen als mit stark kalkhaltigem, das eine dunklere Farbe fördert. Seit ungefähr 20 Jahren wird das spritzige Hefeweißbier immer beliebter.

Die Vielfalt bayerischer Biere ermöglicht viele harmonische und spannende Kombinationen mit Speisen. Zunächst gilt natürlich: Es soll schmecken, und erlaubt ist, was gefällt. Man sollte keine verbindlichen Geschmacksvorschriften machen, aber an dieser Stelle sollen doch auf den nächsten beiden Seiten Empfehlungen gegeben werden, welches Bier mit welcher Speise besonders harmoniert. Denn mehr und mehr setzt sich beim Biergenuss eine Erkenntnis durch, die beim Wein schon lange gilt: Die gelungene Kombination von Speise und Getränk steigert den Genuss. Mittlerweile gibt es sogar eine Ausbildung zum Bier-Sommelier – an der Brau-Akademie Doemens in Gräfelfing bei München, an der Brauer aus aller Welt ihr Diplom machen.

# So speist und trinkt man im Hofbräuhaus

Die bayerische Küche ist vielseitig und bietet zu jedem Anlass die passenden Schmankerl. Vom zünftigen Biergartenbesuch an einem lauen Sommerabend bis hin zum festlichen Menü, das einer herzoglichen Tafel zur Ehre gereichen würde – all das können Sie auch im Hofbräuhaus genießen. Hier gibt die Wirtsfamilie Sperger ihre Menüempfehlungen.

## Im Biergarten

In den Münchner Biergärten ist es von jeher Tradition, dass sich die Gäste ihre Brotzeit selbst mitbringen dürfen. An lauen Sommerabenden sieht man daher die Münchner meist mit dem Rad und einem großen Picknickkorb ankommen, aus dem allerhand Leckereien hervorgebracht werden. Damit es so richtig gemütlich wird, werden Tischdecke, Servietten, Brotzeitbrett und ein ordentliches Messer sowie Salz und Pfeffer selbst mitgebracht und aufgetischt. Die knusprig-frischen und extragroßen Brezen bekommt man am Brotzeitstand. Als Käse eignen sich besonders Emmentaler, Romadur, Tilsiter, als Wurst z. B. Landjäger, Kaminwurzen und Lyoner. Frisches Gemüse darf auch nicht fehlen. Und natürlich können wir die folgenden Hofbräuhaus-Schmankerl besonders empfehlen:

### *Die herzhafte Brotzeit*

*Frischer Radi und Radieserl (siehe Seite 40)*
*Schnittlauchbrot und Griebenschmalzbrot (siehe Seite 39)*
*Obatzda (siehe Seite 38)*
*Kräuterfrischkäse (siehe Seite 46)*
*Wurstsalat (siehe Seite 48)*
*Rindfleischsalat (siehe Seite 49)*

Welches Bier?

Im Hofbräuhaus-Biergarten wird meist das Hofbräu Original ausgeschenkt. Der Biergartenklassiker aber ist das »Münchner Sommer naturtrüb«. Ein untergäriges helles Bier, das nicht filtriert und gut gekühlt getrunken wird. An heißen Tagen entscheiden sich viele Gäste auch für eine Radler- oder Russen-Maß (helles Bier bzw. Weißbier mit Zitronenlimonade).

## In der Schwemme

Ob von Japan, China, Australien, den USA oder München: Die Schwemme im Hofbräuhaus ist Treffpunkt für Menschen aus aller Welt. An Biertischen wird die Völkerverständigung spätestens nach einigen Maß Bier so richtig gelebt, und Sprachbarrieren gibt es dann auch keine mehr. An einfachen Holztischen, auf denen sich Generationen von Gästen verewigt haben, kann herzhaftes Essen in weit gereister Gesellschaft genossen werden.

### *Das rustikale Menü*

*Vorspeise:*
*Leberknödelsuppe (siehe Seite 57)*
*Hauptgang:*
*Schweinshaxe mit Reiberknödel und Krautsalat mit Speck (siehe Seite 100)*
*Dessert:*
*Dampfnudeln mit Vanillesauce (siehe Seite 126)*

Welches Bier?

Bei diesem klassisch-bayerischen Menü empfiehlt der Wirt zur Vorspeise das helle Hofbräu Original. Zum Hauptgang schmeckt das Hofbräu Dunkel, ein würziges dunkles Bier, besonders gut. (Was viele nicht wissen: Das dunkle Bier gab es in Bayern lange vor dem hellen. Dunkles Bier wurde als erstes Bier im Hofbräu bei seiner Gründung gebraut.) Zur kalten Jahreszeit würde sich auch das Hofbräu Festbier sehr gut als Begleiter zur Schweinshaxe eignen; es hat einen etwas höheren Alkoholgehalt und ist sehr aromatisch und süffig.

## Im Bräustüberl und Festsaal

Wer es feierlicher mag, ist im Bräustüberl am Erkertisch oder im großen Festsaal besonders gut aufgehoben. Hier verbreiten weiße und blaue oder gleich weiß-blaue Tischdecken, Silberbestecke und Stoffservietten eine überaus festliche Atmosphäre. Die runden Tische laden zum gemütlichen Beisammensein ein und der gepflegten Unterhaltung steht nichts mehr im Wege.

### *Das herzogliche Menü*

*Vorspeise:*
*Tafelspitzsülze (siehe Seite 42)*
*oder*
*Pfannkuchensuppe (siehe Seite 58)*
*Hauptgang:*
*Geschmorte Rinderroulade mit Kartoffelpüree und Salaten der Saison (siehe Seite 108)*
*Dessert:*
*Bayerisch Creme mit frischen Früchten (siehe Seite 130)*

Welches Bier?

Bei dieser längeren Speisenfolge nimmt die Festgesellschaft am besten vorneweg als Aperitif ein Glas des feinherben Hofbräu Original zu sich. Dieses Bier ist auch der ideale Begleiter für die ersten beiden Gänge. Zu einem festlichen Anlass gehört zum darauf folgenden Hauptgang natürlich auch ein festliches Bier: Je nach Jahreszeit empfiehlt sich beispielsweise an Weihnachten das Hofbräu Festbier und im Frühjahr der Hofbräu Maibock.

# Brezn, Weißwürst, Leberkäs

## *Was zu einer Münchner Brotzeit gehört*

Manche Gäste – sie würden es nie zugeben – kommen nicht wegen des Bieres ins Hofbräuhaus, sondern wegen der Brotzeit. Wobei das Brot bei einer zünftigen Brotzeit eine Brezn (Mehrzahl Brezen) ist. Wo das braune, verschlungene Gebäck seinen Ursprung hat, wird sich wohl nie genau klären lassen. Eine neuzeitliche Version der Geschichte stammt aus München, wohin im Jahr 1839 der königlich-württembergische Gesandte Wilhelm Eugen von Ursingen zu Besuch kam. Wie gewohnt, bestellte er beim Frühstück im Kaffeehaus des Königlichen Hoflieferanten Johann Eilles in der Residenzstraße Brezen und erlebte eine salzige Überraschung: Der Lehrling im Backhaus hatte die Brezen versehentlich statt mit Zuckerwasser mit Natronlauge glasiert …

Die heutigen Brezen bestehen aus einem Weizenmehlteig und werden oft als vorgefertigte Teiglinge von den Wirten selbst gebacken. So gibt es den ganzen Tag über Brezen, wie man sie sich wünscht: verführerisch duftend, von sattem Braun, an manchen Stellen aufgesprungen, knusprig, aber nicht zu hart.

Der ideale Partner der Brezn ist die Münchner Weißwurst, die ebenfalls vor über 150 Jahren erfunden wurde. Nach der Legende geschah das am 22. Februar 1857, einem Faschingssonntag, in der Gaststätte zum Ewigen Licht am Marienplatz, nur wenige Schritte vom Hofbräuhaus entfernt. Der Wirt Sepp Moser hatte schon in aller Früh das Wursten begonnen, um seinen Gästen frische Kalbsbratwürstel, die Spezialität des Hauses, anbieten zu können. Doch als es an das Einfüllen des frischen Bräts in die Därme ging, stellte Moser bestürzt fest, dass keine Schafsdärme mehr da waren, wie sie für die Bratwürste gewöhnlich verwendet werden, und die Wirtsstube war bereits gefüllt … In seiner Not füllte er die Wurstmasse in Schweinedärme. Diese sind im Durchmesser größer und ihre Haut dünner, sodass sich der Wirt nur traute, die Würste in heißem Wasser zu brühen. Das Ergebnis wurde von den Gästen begeistert aufgenommen.

Während man sich auf diese Version in München weitgehend verständigt hat, geht der Streit um die richtige Technik, eine Weißwurst zu verzehren, unendlich weiter. Ästheten

*Eine ordentliche bayerische Brotzeit, wie es sie auch heute noch im Hofbräuhaus gibt: frisch gezapftes Bier, Weißwürste, die das Zwölf-Uhr-Läuten sicher nicht mehr hören werden, scharfer Radi und knuspriges Brot.*

schwören auf saubere Schnitttechniken, von denen es allerdings auch wieder mehrere gibt, Puristen bestehen auf dem »Zuzeln«, dem genussvollen Aussaugen der Wurst. Letztere werden aber immer weniger, weil die Würste mit der Zeit gehend und den Gästewünschen entsprechend, stets kompakter wurden.

Im Hofbräuhaus ist es Ehrensache, dass (auch) die Weißwürste hausgemacht sind. Ab vier Uhr in der Früh wird jeden Tag in der Metzgerei des Hofbräuhauses auf Hochtouren gearbeitet. 700 Kilogramm Wurst produzieren die vier Metzger täglich in den Kellergewölben. Aneinandergereiht, würde die jährliche Produktion von München bis nach New York reichen: 2790 Kilometer Schweinswürstel, 2000 Kilometer Weißwürste, 880 Kilometer Bratwurst, 500 Kilometer Regensburger und 390 Kilometer Wiener.

Nicht mitgerechnet sind die täglich knapp 100 Kilogramm Leberkäse, der übrigens weder Leber noch Käse enthält. Der erste Teil des Namens stammt von seiner Form, dem »Loabe« (Laibchen). Ein »Kas« (Käse) ist im ursprünglichen bayerischen Dialekt eine zusammengerührte Masse. In die gehören neben Schweine- und Rindfleisch auch Speck und Gewürze. Sie wird traditionell in großen Formen im Ofen gebacken, von denen Portionen heruntergeschnitten werden. Im Hofbräuhaus bekommt jeder Gast seinen eigenen Leberkäse, was auf dem Teller besonders appetitlich aussieht.

Unverzichtbar ist Senf. Wobei der Münchner beim Leberkäse süßen Senf vorzieht und bei der Weißwurst keinen anderen duldet. Der süße Senf wurde wie die Brezn und die Weißwurst in München erfunden. Seine heutige Rezeptur geht auf Johann Conrad Develey zurück. In seiner Senffabrik in der Kaufingerstraße kochte er ab 1845 eine Mischung aus milden Senfsaaten, Essig, Zucker und Gewürzen. Völlig neuartig war die Verwendung von Zucker. Karamellisiert wurde die Masse damals mithilfe eines glühenden Schürhakens. 1874 wurde Johann Conrad Develey zum königlichen Hoflieferanten ernannt, und auch in das Hofbräuhaus liefert die berühmte Firma noch heute.

# Die gute Seele des Hauses

## *Interview mit Stilla Weiß, die seit über 40 Jahren im Hofbräuhaus arbeitet*

**Frau Weiß, auf welchem Posten haben Sie im Hofbräuhaus einstens angefangen?**

**Frau Weiß (lacht):** Oh, das ist schon lange her. Angefangen habe ich 1962 als »Salaterin«. Die kümmert sich vor allem darum, dass die einzelnen Salate frisch und appetitlich auf den Teller des Gastes kommen. Damals hat die Küche des Hofbräuhauses auch noch die Abgeordneten des Landtags versorgt.

**Nun sind Sie schon lange die Hausdame des Hofbräuhauses. Was für Aufgaben hat denn eine Hausdame?**

**Frau Weiß:** Ich kümmere mich um viele Dinge, um saubere Tischtücher, um aktuelle Speisekarten, um den Tischschmuck, aber auch um den Vorrat und um die Sauberkeit allgemein. Ich bin Ansprechpartnerin für die Leute aus der Küche, aber auch für die Bedienungen. Früher, als wir noch das alte Abrechnungssystem hatten, musste ich auch nach der Arbeit die Kasse überprüfen.

**Dann sind Sie also ein Bindeglied zwischen Küche und den anderen Bereichen im Haus?**

**Frau Weiß:** Ja, so könnten Sie's nennen. Jeder, der Sorgen hat oder der etwas besprechen möchte, kann zu mir kommen, und ich gebe es dann an den Küchenchef oder an die Wirtsleute weiter.

**Da konnten Sie als »gute Seele des Hauses« bestimmt schon einigen Ärger verhindern und so manchen Zwist schlichten.**

**Frau Weiß:** Hin und wieder schon. Wenn zum Beispiel einer in der Küche etwas langsam arbeitet, aber gerade viele Bestellungen reinkommen, dann schaue ich, dass derjenige eine andere Arbeit macht und dass ich gleich jemanden finde, der fixer ist. Oder wenn ein Teller nicht schön angerichtet ist, dann muss er zurück und neu gemacht werden. Darauf achte ich ganz besonders.

**Wie haben sich die Essgewohnheiten der Gäste im Lauf der Zeit geändert?**

**Frau Weiß:** Früher hat man kräftiger gegessen. Größere Portionen und viel weniger Fisch, Gemüse und Salat. Die Speisekarte war viel kleiner als heute. Es gab Brezen, Rettiche, den die Radiweiber auf eigene Rechnung verkauften, und ein paar Fleischgerichte. Die Leute

*Bei bis zu 30 000 Gästen täglich gut gelaunt und freundlich zu bleiben und dazu einen reibungslosen Ablauf zu gewährleisten, das ist die Stärke des Hofbräuhauses und seinen Mitarbeitern wie der Hausdame Frau Stilla Weiß.*

haben je nach Geldbeutel bestellt und die einzelnen Speisen selbst zusammengestellt. Überhaupt haben die Leute früher im Hofbräuhaus mehr getrunken als gegessen.

**Wie viel haben die Gäste des Hofbräuhauses denn früher so getrunken?**

**Frau Weiß (lacht):** So fünf bis zehn Maß Bier waren da schon mal drin. Heute trinkt einer im Schnitt ein bis zwei Maß. Die Stammgäste haben ihr Bier selber an der Schänke geholt und die Krüge früher in einem kupfernen Wasserbecken »ausg'schwemmt«, daher kommt auch der Name Schwemme.

**Seit wann gibt es neben den steinernen Bierkrügen auch die gläsernen Maßkrüge?**

**Frau Weiß:** Das hat mit der Olympiade 1972 angefangen. Damals gründete sich auch der Verein gegen betrügerisches Einschenken. Seit dieser Zeit haben wir auch Glaskrüge. Da sieht man halt gleich, wie viel drin ist.

**Seit den Olympischen Spielen kommen auch immer mehr Touristen ins Hofbräuhaus, stimmt das?**

**Frau Weiß:** Ja, schon. Aber vor allem, seit das Platzl so schön hergerichtet ist. Seitdem kommen neben unseren Stammgästen auch wieder viel mehr Münchner ins Hofbräuhaus.

**Was bestellen denn die vielen ausländischen Gäste am liebsten?**

**Frau Weiß:** Die mögen vor allem die traditionellen Gerichte. Daher haben wir ja auch die fertig zusammengestellten Speisen. Wie sollen Chinesen, Japaner oder Inder denn wissen, dass zum Schweinsbraten Knödel und Kraut am besten schmecken?

**Sie haben in über 40 Jahren sicher so mancherlei erlebt. Können Sie eine kleine Anekdote berichten?**

**Frau Weiß:** Ja, mei. Da gab's so viel. Ich kann mich nicht mehr so gut erinnern. Aber dass Franz Josef Strauß den Anschnitt vom Leberkäs am liebsten gemocht hat, an das erinnere ich mich noch gut.

**Wird Ihnen die Arbeit als Hausdame nicht allmählich zu anstrengend?**

**Frau Weiß:** Nein, nein. Die zwei Tage in der Woche, die ich noch arbeite, schaffe ich gut, und die machen mir nach wie vor Spaß. Das möchte ich noch lange machen. Wer hat schon einen Arbeitsplatz mit so viel Atmosphäre und mit so viel »Musi«! Denn sie sorgt immer für gute Stimmung, nicht nur bei den Gästen, sondern auch bei uns Hofbräuhaus-Mitarbeitern.

**Frau Weiß, herzlichen Dank für das Gespräch.**

MÜNCHEN

# Brotzeit & Vorspeisen

*Brotzeit ist die schönste Zeit: Sie schmeckt nicht nur mittags oder abends, sondern auch zwischendurch. Und die herzhaften Münchner Schmankerl stimmen auch hervorragend auf jede Hauptmahlzeit ein.*

# Obatzda

## *mit Schnittlauch und Zwiebelringen*

*Zutaten für 4 Personen*

*1 kleine Zwiebel*

*400 g reifer Brie oder Camembert*

*2 EL weiche Butter*

*1 EL Bier*

*3 EL Frischkäse*

*je 1 TL Paprikapulver und gemahlener Kümmel*

*weißer Pfeffer, Salz*

*1/2 Bund Schnittlauch*

1 Die Zwiebel schälen und halbieren. Die eine Hälfte in feine Würfel schneiden, die andere in feine Ringe.

2 Den Brie oder den Camembert in einer kleinen Schüssel mit der Gabel zerdrücken. Die Butter, das Bier und den Frischkäse dazugeben und alles gut vermischen.

3 Die Zwiebelwürfel unterrühren und die Käsemasse mit Paprikapulver, Kümmel, Pfeffer und Salz kräftig abschmecken. Den Obatzden zugedeckt etwa 1 Stunde in den Kühlschrank stellen.

4 Den Schnittlauch waschen, trockenschütteln und in feine Röllchen schneiden. Den Obatzden auf einem Teller kegelförmig anrichten und mit Schnittlauchröllchen und Zwiebelringen garniert servieren. Frisches Schwarzbrot oder ofenfrische Brezen dazureichen.

## Küchentipp

*Den Obatzden kann man auch mit übrig gebliebenem Käse und mit Quark zubereiten. Hat man jungen Camembert zur Hand, sollte man ihn zusammen mit einigen Esslöffeln Sahne pürieren. Übrigens: Obatzda heißt auf Bayerisch angemacht oder vermischt. Der Name rührt vom Ausdruck »obazn« her, was ursprünglich bekleckern bedeutet.*

# Apfelgriebenschmalz
## *auf frischem Bauernbrot*

*Zutaten für 4 Personen*

*500 g Flomen (Bauchfett vom Schwein)*
*2 Zwiebeln*
*1–2 Knoblauchzehen*
*1 säuerlicher großer Apfel*
*1 EL getrockneter Majoran*
*3 weiße Pfefferkörner*
*1 Lorbeerblatt*
*Salz*
*4 Scheiben frisches Bauernbrot*

1 Flomen in kleine Würfel schneiden und in einem Topf bei mittlerer Hitze unter ständigem Rühren langsam auslassen, bis nur noch die Grieben übrig bleiben.

2 Die Zwiebeln und den Knoblauch schälen und jeweils in feine Würfel schneiden. Den Apfel schälen, vierteln und vom Kerngehäuse befreien. Die Viertel quer in dünne Scheiben schneiden.

3 Die Zwiebeln, den Knoblauch und die Apfelscheiben in das ausgelassene Fett geben. Das Schmalz mit Majoran, Pfefferkörnern, Lorbeer und Salz würzen. So lange köcheln lassen, bis die Zwiebeln leicht gebräunt sind.

4 Das Lorbeerblatt entfernen, das Schmalz in kleine Steinguttöpfe füllen und einige Stunden in den Kühlschrank stellen.

5 Wenn das Griebenschmalz fest geworden ist, herausnehmen und auf frische Bauernbrotscheiben streichen.

## Küchentipp

*Die beim Auslassen von Schweinefett gewonnenen Grieben sollten eine hellgelbe Farbe haben und noch fetthaltig sein. Man kann sie auch gut anstelle von Fett oder Speck verwenden und beispielsweise Röstkartoffeln (siehe Seite 70) oder Kartoffelschmarren (siehe Seite 71) mit Grieben braten.*

# Frischer Radi

## *mit Radieserln und Schnittlauchbrot*

*Zutaten für 4 Personen*

*4 weiße Radi (»Münchner Bier-Radi«)*

*2 Bund Radieschen*

*Salz*

*1 Bund Schnittlauch*

*4 Scheiben Schwarzbrot*

*Butter*

1 Das Grün von den Radi und den Radieserln nach Belieben abschneiden. Die Radi gründlich abschaben, die Radieserl waschen und trockentupfen.

2 Die Radi jeweils sehr dünn quer in feinen Abständen einschneiden, aber nicht ganz durchschneiden (siehe Tipp unten). Die Radi mit Salz würzen und kurz durchziehen lassen.

3 Den Schnittlauch waschen, trockenschütteln und in feine Röllchen schneiden.

4 Die Brotscheiben mit Butter bestreichen, salzen und den Schnittlauch darüberstreuen. Die Brotscheiben nach Belieben vierteln.

5 Die Radi zusammen mit den Radieserln und den Schnittlauchbroten auf Brotzeittellern anrichten.

## Küchentipp

*Fürs Radischneiden sollte man ein sehr scharfes Messer verwenden. Den geputzten Radi im 90-Grad-Winkel zur Längsachse scheibenweise einschneiden, aber nicht ganz durchschneiden – nur etwa bis zur Hälfte. Danach den Radi umdrehen und wieder scheibenweise einschneiden, aber jetzt nicht im rechten Winkel zur Längsachse, sondern schräg. So lässt sich der Radi wie eine Ziehharmonika auseinanderziehen.*

# Tafelspitzsülze
## *mit Kräuterschmand*

*Zutaten für 4 Personen*

*Für die Sülze:*

*300 g gekochter Tafelspitz*

*1/2 Lauchstange*

*1 Möhre*

*60 g Knollensellerie*

*2 Bund Schnittlauch*

*6 Blatt Gelatine*

*1/2 l Rinderbrühe (Grundrezept siehe Seite 52)*

*Für den Kräuterschmand:*

*100 g Schmand*

*4 EL frisch gehackte Kräuter (z. B. Petersilie, Schnittlauch, Dill)*

*Salz*

1 Für die Sülze am Vortag das Fleisch in dünne Scheiben schneiden. Den Lauch putzen, waschen und klein schneiden. Die Möhre und den Sellerie putzen, schälen und in kleine Würfel schneiden.

2 Das Gemüse kurz blanchieren, kalt abschrecken, abtropfen lassen und beiseite stellen. Den Schnittlauch waschen, trockenschütteln und in feine Röllchen schneiden.

3 Die Gelatine in kaltem Wasser einweichen, anschließend gut ausdrücken. Die Rinderbrühe in einem Topf erwärmen. Die Gelatine in der Brühe auflösen. Die Brühe vom Herd nehmen und abkühlen lassen.

4 Kurz bevor die Flüssigkeit zu gelieren beginnt, eine Terrine mit Frischhaltefolie auslegen und die Hälfte der Tafelspitzscheiben nebeneinander darauflegen. Die Hälfte der Gemüsewürfel und die Hälfte des Schnittlauchs daraufgeben und so viel Brühe dazugießen, dass alles bedeckt ist. Die Terrine kalt stellen, bis die erste Schicht fast erstarrt ist.

5 Anschließend die restlichen Fleischscheiben, das restliche Gemüse und den Schnittlauch daraufgeben, die restliche Brühe dazugießen, die Terrine mit Frischhaltefolie zudecken, über Nacht in den Kühlschrank stellen und die Sülze vollends fest werden lassen.

6 Am nächsten Tag die Form kurz in heißes Wasser tauchen, die Sülze rundherum mit einem spitzen Messer vom Rand lösen und vorsichtig auf eine Platte stürzen. Die Sülze in 1 cm dicke Scheiben schneiden und pro Portion zwei Scheiben auf einem Teller anrichten.

7 Für den Kräuterschmand den Schmand in einer kleinen Schüssel verrühren, die Kräuter untermischen und mit 1 Prise Salz würzen. Die Sülze mit dem Kräuterschmand und nach Belieben mit grünem Blattsalat, Brot oder Brezen servieren.

# Kartoffelkas

## *mit Sauerrahm*

*Zutaten für 4 Personen*

*400 g mehlig kochende Kartoffeln*

*Salz*

*1 mittelgroße Zwiebel*

*80 g Sahne*

*100 g Sauerrahm oder Crème fraîche*

*Pfeffer aus der Mühle*

*frisch geriebene Muskatnuss*

1 Die Kartoffeln in einen Topf geben und in Salzwasser 20 bis 25 Minuten garen. Abgießen und kurz auskühlen lassen. Die Kartoffeln pellen und noch warm durch die Kartoffelpresse in eine Schüssel drücken.

2 Die Zwiebel schälen und in sehr feine Würfel schneiden. Die Sahne und den Sauerrahm (oder die Crème fraîche) zur Kartoffelmasse in die Schüssel geben und alles zu einer glatten Creme verrühren.

3 Die Zwiebelwürfel unterrühren und den Kartoffelkas mit Salz, Pfeffer und 1 Prise Muskatnuss kräftig abschmecken. Zugedeckt etwa 1 Stunde im Kühlschrank ziehen lassen.

4 Den Kartoffelkas dick auf frisches dunkles Bauern- oder Holzofenbrot streichen. Nach Belieben mit Schnittlauchröllchen, Radieschenscheiben, Zwiebelringen oder gehackter Petersilie garnieren und auf Brotzeittellern servieren.

## Küchentipp

*Sollte der gekühlte Kartoffelkas zu fest und nicht streichfähig sein, so mischt man einfach noch so viel Sahne und/oder Sauerrahm darunter, bis er sich gut aufs Brot streichen lässt. Am besten schmeckt der Kartoffelkas, wenn er schön dick auf die Brotscheiben aufgetragen wird.*

# Geräuchertes Forellenfilet
## *mit Sahnemeerrettich*

*Zutaten für 4 Personen*

*5–7 cm Meerrettichwurzel*
*150 g Sahne*
*Salz*
*Zucker*
*Blattsalate je nach Jahreszeit*
*8 Scheiben Toastbrot*
*80 g Butter*
*8 geräucherte Forellenfilets*
*je 4 Zitronen- und Gurkenscheiben*

1 Den Meerrettich putzen, waschen und auf der Gemüsereibe fein raspeln. Die Sahne mit dem Handrührgerät steif schlagen und den Meerrettich unterheben. Mit etwas Salz und 1 Prise Zucker würzen.

2 Den Salat putzen, waschen, trockenschleudern und in mundgerechte Stücke zupfen. Die Toastbrotscheiben rösten und großzügig mit Butter bestreichen.

3 Die geräucherten Forellenfilets paarweise auf Vorspeisenteller anrichten.

4 Die Filets mit dem Sahnemeerrettich, den Zitronen- und Gurkenscheiben und den Salatblättern garnieren. Die gebutterten Toasts dazureichen.

# Räucherfischmousse
## *auf frischem Blattsalat*

*Zutaten für 4 Personen*

*Für die Mousse:*

*400 g Räucherfisch (z. B. Schellfisch, Makrele, Scholle oder Bückling)*

*2 Schalotten*

*1 Bund Dill*

*1 Zitrone*

*150 g Crème fraîche*

*Salz*

*Pfeffer aus der Mühle*

*Für den Salat:*

*1 Kopf- oder Endiviensalat*

*1 Tomate*

*2 EL Weißweinessig*

*Zucker, 1 TL Senf*

*6 EL Olivenöl*

1 Für die Mousse den Räucherfisch häuten, die Gräten entfernen und das Fischfleisch in kleine Stücke zerpflücken.

2 Die Schalotten schälen und in feine Würfel schneiden. Den Dill waschen, trockenschütteln, die Spitzen abzupfen und klein hacken. Die Zitrone halbieren und auspressen.

3 Den Fisch mit der Crème fraîche, der Hälfte der Schalottenwürfel, dem Dill sowie etwas Salz und Pfeffer in einen hohen Mixbecher geben. Die Hälfte des Zitronensafts dazugeben und alles mit dem Stabmixer fein pürieren. Die Mousse in eine Schüssel füllen und etwa 1 Stunde in den Kühlschrank stellen.

4 Für den Salat die Salatblätter putzen, waschen und trockenschleudern. Die Tomate kreuzweise einritzen, überbrühen, häuten, entkernen und das Fruchtfleisch in Würfel schneiden.

5 Essig und restlichen Zitronensaft mit etwas Salz, Pfeffer und 1 Prise Zucker zu einem Dressing verrühren. Den Senf hinzufügen und nach und nach das Öl unterschlagen. Zuletzt die Tomaten- und die restlichen Schalottenwürfel unterrühren. Das Dressing kurz vor dem Servieren mit dem Salat mischen.

6 Die Räucherfischmousse aus dem Kühlschrank nehmen und mit einem Esslöffel kleine Nocken abstechen. Den Salat auf Vorspeisentellern anrichten und die Nocken daraufsetzen.

# Kräuterfrischkäse

## *in der Paprika*

*Zutaten für 4 Personen*

*2 rote Paprikaschoten*

*je 1/2 Bund Petersilie, Kerbel, Thymian, Basilikum, Dill, Schnittlauch*

*400 g Frischkäse*

*Salz*

*Pfeffer aus der Mühle*

*4 EL Paprikapulver*

*Zucker*

1 Die Paprikaschoten längs halbieren. Den Stielansatz nach Belieben herausschneiden, die Paprikahälften putzen und waschen.

2 Die Kräuter waschen und trockenschütteln. Petersilien-, Kerbel-, Thymian- und Basilikumblätter abzupfen. Ein paar Blätter zum Garnieren beiseite legen, den Rest fein hacken. Die Dillspitzen abzupfen und fein hacken, den Schnittlauch in feine Röllchen schneiden.

3 Den Frischkäse in einer Schüssel glatt rühren und die Kräuter daruntermischen. Die Masse mit Salz, Pfeffer, Paprikapulver und 2 Prisen Zucker kräftig abschmecken.

4 Jeweils ein Viertel vom Kräuterfrischkäse in eine halbierte Paprikaschote füllen und mit den Kräuterblättchen garnieren.

5 Die gefüllten Paprikahälften auf Brotzeittellern anrichten und jeweils eine Scheibe Hausbrot oder eine Breze dazu servieren.

### Küchentipp

*Statt Frischkäse eignet sich auch Quark oder Hüttenkäse zum Füllen der Paprika. Ein ganz besonderes Aroma erhält der Frischkäse, wenn man frisch geriebenen Meerrettich unterrührt. Aber auch klein geschnittene Oliven oder Kapern kann man noch zusätzlich unter den Frischkäse mischen.*

# Münchner Wurstsalat

## *mit Zwiebelringen*

*Zutaten für 4 Personen*

*2 Zwiebeln*
*8 Regensburger Würste*
*2 Gewürzgurken*
*4 EL Weißweinessig*
*Salz*
*Pfeffer aus der Mühle*
*6 EL Öl*
*1 Bund Schnittlauch*

1 Die Zwiebeln schälen und in feine Ringe schneiden. Die Würste längs einritzen und die Haut abziehen. Die Würste quer in dünne Scheiben schneiden. Die Gewürzgurken längs halbieren und an den Enden fächerartig einschneiden.

2 Für das Dressing den Essig mit Salz und Pfeffer verrühren und das Öl mit dem Schneebesen unterschlagen. Den Schnittlauch waschen, trockenschütteln, ein paar Stiele beiseite legen und den Rest in Röllchen schneiden.

3 Die Wurstscheiben kreisförmig auf Tellern anrichten, die Zwiebelringe darauf verteilen und den Wurstsalat mit dem Dressing gleichmäßig begießen. Kurz ziehen lassen, dann mit den Gewürzgurkenhälften und dem Schnittlauch garnieren. Dunkles Bauernbrot oder Holzofenbrot dazureichen.

# Rindfleischsalat
## *mit Champignons*

*Zutaten für 4 Personen*

*500 g gekochtes mageres Rindfleisch*
*1 große Zwiebel*
*3 Gewürzgurken*
*1 große Möhre*
*1 rote Paprikaschote*
*100 g Champignons*
*1 großer Apfel*
*1 Bund Petersilie*
*6 EL Einlegeflüssigkeit von den Gewürzgurken*
*6 EL Öl*
*1 TL Worcestersauce*
*Knoblauchsalz*
*Pfeffer aus der Mühle*

1 Das gekochte Rindfleisch zuerst in fingerdicke Scheiben, dann in etwa 1 1/2 cm große Würfel schneiden. Die Zwiebel schälen und in feine Ringe schneiden. Die Gewürzgurken längs in Scheiben schneiden.

2 Die Möhre putzen, schälen und in Scheiben schneiden. Die Paprikaschote längs halbieren, putzen, waschen und in feine Streifen schneiden.

3 Die Champignons putzen, trocken abreiben und vierteln. Den Apfel schälen, achteln, entkernen und in Scheiben schneiden. Danach kurz in kaltes Salzwasser tauchen, damit die Apfelstücke weiß bleiben.

4 In einer großen Schüssel alle Zutaten mischen. Die Petersilie waschen, trockenschütteln, die Blätter von den Stielen zupfen und fein hacken.

5 Das Gurkenwasser mit dem Öl, der Worcestersauce, 1 Prise Knoblauchsalz, etwas Pfeffer und der Petersilie zu einem Dressing anrühren. Den Salat mit dem Dressing mischen und zugedeckt etwa 1 Stunde durchziehen lassen. Vor dem Servieren nach Bedarf nochmals abschmecken.

## Küchentipp

*Mit etwas mittelscharfem Senf oder Kürbiskernöl kann man den Rindfleischsalat noch verfeinern. Röstkartoffeln schmecken sehr gut zu diesem Salat, aber auch ein Stück Graubrot kann man dazuservieren.*

# Suppen & Salate

*Ohne sie kommen die meisten Suppen und manche Salate gar nicht aus. Die klare Rinderbrühe ist Grundlage für Grießnockerl-, Leberknödel- und Pfannkuchensuppe und gibt dem bayerischen Kartoffelsalat erst den typischen Geschmack.*

# Klare Rinderbrühe

## *mit Suppengrün*

*Zutaten für 8 Personen*

*500 g gehackte Rinderknochen*
*1/2 Zwiebel*
*2 kleine Möhren*
*100 g Knollensellerie*
*1/2 Lauchstange*
*1 Bund Petersilie*
*2–3 Stiele Liebstöckel*
*1 Lorbeerblatt*
*Pimentpulver*
*frisch geriebene Muskatnuss*
*Salz*
*Pfeffer aus der Mühle*

1 Die Rinderknochen waschen. Etwa 1 l Wasser zum Kochen bringen und die Rinderknochen kurz darin blanchieren. In ein Sieb abgießen und abtropfen lassen.

2 Die Zwiebel waschen. Einen großen Topf erhitzen, die Zwiebel mit der Schnittfläche nach unten in den Topf geben und bräunen lassen.

3 Etwa 2 1/4 l kaltes Wasser in den Topf gießen, die blanchierten Knochen dazugeben und alles aufkochen lassen. Den dabei entstehenden Schaum mit dem Schaumlöffel gelegentlich abschöpfen. Die Brühe zugedeckt etwa 4 Stunden leicht kochen lassen.

4 Die Möhren putzen und schälen, den Sellerie schälen. Den Lauch putzen und waschen. Das Gemüse in grobe Stücke schneiden. Die Petersilie und das Liebstöckel waschen und trockenschütteln.

5 Das Gemüse, die Petersilie, das Liebstöckel, das Lorbeerblatt und je 1 Prise Piment und Muskatnuss zur Brühe geben, mit Salz und Pfeffer würzen und die Rinderbrühe weitere 45 Minuten leicht kochen lassen.

6 Die Brühe durch ein feines Sieb, das mit einem Passiertuch ausgelegt ist, abgießen. Die Menge ergibt etwa 2 l Brühe.

## Küchentipp

*Eine selbst gekochte Brühe schmeckt einfach am besten. Damit sich der Aufwand lohnt, sollte man die doppelte Menge an Brühe zubereiten. Sie lässt sich übrigens vielfältig verwenden und problemlos portionsweise einfrieren. Für eine besonders kräftige Fleischbrühe kann man 500 g mageres Rindfleisch, z. B. von der Rinderbrust oder ein Stück Tafelspitz, mitkochen.*

# Bayerische Kartoffelsuppe
## *mit Speck*

*Zutaten für 4 Personen*

*2 große Zwiebeln*

*150 g durchwachsener Räucherspeck*

*400 g mehlig kochende Kartoffeln, 1 Möhre*

*80 g Knollensellerie*

*1 kleine Lauchstange*

*1 Knoblauchzehe*

*100 g Butter*

*1,5 l klare Rinderbrühe* *(siehe Seite 52)*

*je 1/2 TL getrockneter Majoran und Thymian*

*Salz, Pfeffer aus der Mühle*

*frisch geriebene Muskatnuss*

*1/2 Bund Petersilie*

1 Die Zwiebeln schälen und in kleine Würfel schneiden. Den Räucherspeck ebenfalls in kleine Würfel schneiden.

2 Die Kartoffeln, die Möhre und den Sellerie putzen, schälen und in Würfel schneiden. Den Lauch putzen, waschen und in Ringe schneiden. Den Knoblauch schälen.

3 Die Butter in einem großen Topf zerlassen und die Zwiebel- und die Speckwürfel darin unter ständigem Rühren anbraten. Den Knoblauch, die Kartoffeln, die Möhren, den Sellerie und den Lauch dazugeben und unter Rühren kurz mit andünsten.

4 Die klare Rinderbrühe dazugießen und den Majoran und den Thymian hinzufügen. Die Kartoffelsuppe mit Salz, Pfeffer und 1 Prise Muskatnuss kräftig würzen und etwa 20 Minuten leicht kochen lassen.

5 Die Suppe nach Belieben mit dem Kartoffelstampfer oder mit dem Stabmixer pürieren und nochmals nach Belieben mit Salz und Pfeffer abschmecken.

6 Die Petersilie waschen und trockenschütteln. Die Blätter von den Stielen zupfen und fein hacken. Die Kartoffelsuppe mit der Petersilie bestreut servieren.

# Gulaschsuppe

## *mit Kartoffelwürfelchen*

*Zutaten für 4 Personen*

*200 g Rinderschulter*
*2 große Zwiebeln*
*1 Knoblauchzehe*
*3 EL Öl*
*2 EL Tomatenmark*
*2 EL Paprikapulver*
*1,2 l klare Rinderbrühe* *(siehe Seite 52)*
*1/2 TL getrockneter Majoran*
*1 TL abgeriebene unbehandelte Zitronenschale*
*1/2 TL gemahlener Kümmel*
*Salz*
*Pfeffer aus der Mühle*
*2 festkochende Kartoffeln*
*1/2 rote Paprikaschote*
*je 1 EL Butter und Mehl*

1 Das Rindfleisch waschen, mit Küchenpapier trockentupfen und in kleine Würfel schneiden. Die Zwiebeln und den Knoblauch schälen und in kleine Würfel schneiden.

2 Das Öl in einem großen Topf erhitzen und die Zwiebeln und den Knoblauch darin unter Rühren andünsten. Die Fleischwürfel dazugeben und unter Rühren so lange anbraten, bis der ausgetretene Fleischsaft eingekocht ist.

3 Das Tomatenmark und das Paprikapulver dazugeben, untermischen und kurz anbraten.

4 Die klare Rinderbrühe dazugießen. Majoran, Zitronenschale und Kümmel hinzufügen, mit Salz und Pfeffer würzen und die Suppe aufkochen lassen. Zugedeckt bei schwacher Hitze etwa 1 1/4 Stunden garen, bis das Fleisch sehr weich ist.

5 Die Kartoffeln schälen und in feine Würfel schneiden. Die Paprikaschote längs halbieren, putzen und waschen. Das Fruchtfleisch in kleine Würfel schneiden. Die kalte Butter mit dem Mehl zu einem kleinen Kloß verkneten.

6 Die Kartoffel- und Paprikawürfel zur Suppe geben und weitere 20 Minuten leicht kochen lassen. Die Mehlbutter stückchenweise unter die Suppe rühren, bis sie die gewünschte Bindung hat.

7 Die Gulaschsuppe mit Salz und Pfeffer kräftig abschmecken und servieren. Nach Belieben mit frischen Majoranblättern garnieren. Dazu passt Weißbrot, aber auch frisches Bauernbrot.

# Grießnockerlsuppe

## *mit Schnittlauchröllchen*

*Zutaten für 4 Personen*

*40 g weiche Butter*

*75 g Hartweizengrieß*

*1 Ei*

*Salz*

*frisch geriebene Muskatnuss*

*1 l klare Rinderbrühe*
*(siehe Seite 52)*

*1/2 Bund Schnittlauch*

1 Für die Grießnockerl die weiche Butter in eine Schüssel geben und mit dem Schneebesen schaumig rühren, dabei 1 EL Grieß unterrühren.

2 Das Ei, den restlichen Grieß, etwas Salz und 1 Prise Muskatnuss unterrühren und die Masse 20 Minuten quellen lassen.

3 Die klare Rinderbrühe in einem Topf aufkochen.

4 Zwei Esslöffel in kaltes Wasser tauchen und aus der Grießmasse Nockerl formen, in die kochende Brühe geben und etwa 5 Minuten leicht kochen lassen.

5 Die Hitze reduzieren und die Grießnockerl in der nicht mehr kochenden Brühe etwa 15 Minuten gar ziehen lassen.

6 Den Schnittlauch waschen, trockenschütteln und in feine Röllchen schneiden. Die Grießnockerlsuppe auf Suppenteller verteilen und mit dem Schnittlauch bestreut servieren.

# Leberknödelsuppe

## *mit frischem Majoran*

*Zutaten für 4 Personen*

*120 g Knödelbrot*
*8 EL lauwarme Milch*
*1 kleine Zwiebel*
*1 TL Butter*
*1/2 Bund Petersilie*
*3 Stiele Majoran*
*1/2 Bund Schnittlauch*
*250 g pürierte Rinderleber (vom Metzger; küchenfertig)*
*1 Ei*
*Salz*
*Pfeffer aus der Mühle*
*Semmelbrösel*
*1 l klare Rinderbrühe (siehe Seite 52)*

1 Das Knödelbrot in eine Schüssel geben, mit der lauwarmen Milch übergießen und zugedeckt 30 Minuten ziehen lassen.

2 Die Zwiebel schälen und in sehr kleine Würfel schneiden. Die Butter in einer kleinen Pfanne zerlassen und die Zwiebelwürfel darin glasig dünsten.

3 Die Petersilie, den Majoran und den Schnittlauch waschen und trockenschütteln. Die Petersilien- und Majoranblätter von den Stielen zupfen und fein hacken. Den Schnittlauch in feine Röllchen schneiden.

4 Die Zwiebel, die Kräuter, die pürierte Leber und das Ei zum Knödelbrot geben, alles zu einem festen Teig verarbeiten und mit Salz und Pfeffer kräftig würzen. Sollte die Masse etwas zu weich sein, noch 1 bis 2 EL Semmelbrösel untermischen.

5 Die klare Rinderbrühe in einem Topf aufkochen.

6 Aus der Leberknödelmasse mit angefeuchteten Händen kleine Knödel formen, in die Brühe geben und bei schwacher Hitze etwa 15 Minuten gar ziehen lassen. Größere Knödel benötigen rund 25 Minuten, bis sie gar sind.

## Küchentipp

*Bekommt man kein Knödelbrot, kann man stattdessen auch gut 3 Semmeln vom Vortag nehmen und sie in dünne Scheiben schneiden.*

# Pfannkuchensuppe

## *mit Petersilie*

*Zutaten für 4 Personen*

*150 g Mehl*

*2 Eier*

*200 ml Milch*

*Salz*

*Pfeffer aus der Mühle*

*frisch geriebene Muskatnuss*

*2 EL Butter*

*1 l klare Rinderbrühe (siehe Seite 52)*

*1/4 Bund Petersilie*

1 Das Mehl in eine Schüssel sieben. Die Eier mit dem Schneebesen unterrühren, dann nach und nach die Milch untermischen, bis ein glatter Teig entstanden ist.

2 Salz, Pfeffer und 1 Prise Muskatnuss unterrühren und den Pfannkuchenteig etwa 15 Minuten ruhen lassen.

3 Die Butter portionsweise in einer beschichteten Pfanne zerlassen und aus dem Teig nacheinander dünne Pfannkuchen ausbacken und abkühlen lassen. Die Pfannkuchen aufrollen und in feine Streifen schneiden.

4 Die klare Rinderbrühe in einem Topf aufkochen. Die Petersilie waschen und trockenschütteln. Die Blätter von den Stielen zupfen und fein hacken.

5 Zum Servieren die Pfannkuchenstreifen auf vier Suppenteller verteilen, mit der kochenden Brühe übergießen und mit der Petersilie bestreut servieren.

## Küchentipp

*Wer mag, kann die gehackte Petersilie auch gleich unter den Pfannkuchenteig mischen, das sieht nicht nur gut aus, sondern schmeckt auch so. Übrig gebliebene Pfannkuchen lassen sich prima einfrieren – so hat man immer einen Vorrat für diese köstliche Suppe im Haus!*

# Rettichsalat

## *mit Gartenkresse*

*Zutaten für 4 Personen*

*500 g roter oder weißer Rettich (»Münchner Bier-Radi«)*

*Salz*

*2 EL Essig*

*2 EL Öl*

*Pfeffer aus der Mühle*

*1/2 Kästchen Kresse*

1 Den Rettich putzen, schälen und in hauchdünne Scheiben schneiden oder auf der Gemüsereibe in feine Scheiben hobeln.

2 Die Rettichscheiben in eine Schüssel geben, kräftig mit Salz würzen und zugedeckt etwa 10 Minuten ziehen lassen. Die Flüssigkeit, die der Rettich abgegeben hat, abgießen.

3 Essig und Öl unter den Rettich mischen und den Salat mit Salz und Pfeffer würzig abschmecken.

4 Die Kresseblättchen mit der Küchenschere abschneiden, waschen und gut abtropfen lassen. Unter den Rettichsalat mischen oder den Salat mit der Kresse garniert servieren.

### Küchentipp

*Wer die Rettichschärfe liebt, lässt den Radi nicht »weinen«, d. h., salzt ihn nicht, um ihn Wasser ziehen zu lassen. Stattdessen den in Scheiben geschnittenen Rettich sofort mit der Salatmarinade vermischen und servieren. Der Rettichsalat schmeckt auch gut mit einem Joghurtdressing. Dafür einfach noch 2 bis 3 EL Naturjoghurt oder saure Sahne unter den Rettichsalat mischen.*

# Krautsalat
## *mit Speckwürfeln*

*Zutaten für 4 Personen*
*750 g Weißkraut*
*Salz*
*100 g durchwachsener Räucherspeck*
*4 EL Öl*
*3 EL Essig*
*1 TL gekörnte Brühe*
*1/2 EL ganzer Kümmel*
*weißer Pfeffer*

1 Vom Weißkraut die äußeren welken Blätter entfernen. Das Kraut vierteln und den harten Strunk herausschneiden.

2 Die Weißkrautviertel in sehr feine Streifen schneiden oder auf der Gemüsereibe fein hobeln. Die Krautstreifen in einer Salatschüssel mit Salz vermischen und ziehen lassen.

3 Vom Räucherspeck die Schwarte entfernen und den Speck in feine Würfel schneiden.

4 In einer kleinen Pfanne 1 EL Öl erhitzen und die Speckwürfel dazugeben. Unter Rühren anbraten, bis das Fett aus dem Speck austritt und die Speckwürfel kross sind.

5 Die Speckwürfel mit dem Bratfett zu den Weißkrautstreifen geben. Essig, gekörnte Brühe, Kümmel und das restliche Öl zu einer Marinade anrühren. Die Marinade gut mit dem Salat mischen. Mit Salz und Pfeffer abschmecken und den Krautsalat zugedeckt etwa 1 Stunde ziehen lassen.

6 Vor dem Servieren den Krautsalat nach Belieben nochmals mit Salz und Pfeffer abschmecken.

## Küchentipp

*Statt rohem Weißkraut kann man für den Krautsalat auch gebrühtes Kraut verwenden. Dafür das klein geschnittene oder gehobelte Kraut in kochendem Salzwasser mehrfach aufkochen, auf einem Sieb gut abtropfen lassen und mit der Marinade wie in Punkt 5 beschrieben mischen.*

# Kartoffelsalat

## *mit Gurkenscheiben*

*Zutaten für 4 Personen*

*1 kg festkochende Kartoffeln*

*1 große Zwiebel*

*5 EL Öl*

*125 ml klare Rinderbrühe* *(siehe Seite 52)*

*4 EL Essig*

*1 EL mittelscharfer Senf*

*Salz*

*Pfeffer aus der Mühle*

*1/2 Salatgurke*

1 Die Kartoffeln waschen und in der Schale etwa 20 Minuten garen. Die Kartoffeln abgießen, gut abtropfen und kurz auskühlen lassen.

2 Die Kartoffeln pellen, noch heiß in Scheiben schneiden und in eine große Schüssel geben.

3 Die Zwiebel schälen und in feine Würfel schneiden. 1 EL Öl in einem Topf erhitzen und die Zwiebeln darin glasig dünsten.

4 Die Rinderbrühe dazugießen und den Topf von der Herdplatte nehmen. Essig, restliches Öl und Senf unterrühren und die Marinade über die noch warmen Kartoffelscheiben gießen. Kräftig mit Salz und Pfeffer würzen, vorsichtig mischen und den Salat abkühlen lassen.

5 Die Salatgurke schälen und auf der Gemüsereibe in hauchdünne Scheiben hobeln.

6 Den Salat vor dem Servieren mit Salz und Pfeffer kräftig abschmecken und die Gurkenscheiben untermischen. Bei Bedarf noch etwas Brühe dazugießen, der Salat sollte »saftig« sein. Nach Belieben mit Schnittlauch oder Petersilie bestreuen.

# Rote-Bete-Salat

## *mit Joghurtdressing*

*Zutaten für 4 Personen*

*750 g Rote Bete*

*Salz*

*300 g Naturjoghurt*

*3 TL Öl*

*2 TL Zitronensaft*

*weißer Pfeffer aus der Mühle*

*Zucker*

*1/2 Bund Petersilie*

1 Die Rote-Bete-Knollen gründlich waschen, dabei die Knollen möglichst nicht verletzen, damit sie beim Kochen nicht ihren Saft und ihre Farbe verlieren.

2 Die Rote-Bete-Knollen in einem Dämpfeinsatz über Salzwasser etwa 1 Stunde weich dämpfen. Die Knollen kalt abschrecken, gut abtropfen lassen und schälen. Dann in feine Scheiben schneiden oder auf der Gemüsereibe in Scheiben hobeln.

3 Für das Dressing den Joghurt mit dem Öl und dem Zitronensaft in einer Schüssel mit dem Schneebesen verrühren. Die Salatsauce mit Salz, Pfeffer und Zucker kräftig würzen.

4 Die Rote-Bete-Scheiben mit dem Dressing vermischen und mindestens 15 Minuten durchziehen lassen.

5 Die Petersilie waschen, trockenschütteln, die Blätter von den Stielen zupfen und fein hacken. Den Salat vor dem Servieren mit der gehackten Petersilie bestreuen.

## Küchentipp

*Der Saft der gekochten Rote-Bete-Knollen färbt sehr intensiv. Deshalb zum Schälen am besten Einmalhandschuhe tragen und die Knollen mit dem Sparschäler dünn schälen. Dieser Salat lässt sich wunderbar vorbereiten und hält gekühlt mehrere Tage. Wer mag, kann auch noch halbierte Kapern unter den Salat mischen.*

# Vegetarisch & Beilagen

*Knödel, Kraut, Kartoffeln, Kasspatzen – die vier deftigen Ks – sind die unumstrittenen Beilagenstars der bayerischen Küche und zeigen sich in vielerlei Variationen, zuweilen auch als herzhaftes Hauptgericht.*

# Allgäuer Kasspatzen

## *mit Röstzwiebeln*

*Zutaten für 4 Personen*

*350 g Mehl*

*1 TL Salz*

*6 Eier*

*200 g Allgäuer oder Schweizer Emmentaler*

*5 Zwiebeln*

*75 g Butter*

*Pfeffer aus der Mühle*

*frisch geriebene Muskatnuss*

1 Mehl, Salz und 125 ml Wasser in einer Schüssel verrühren. Die Eier dazugeben und den Teig kräftig rühren, bis er Blasen wirft. Mit einem Küchentuch zugedeckt kurze Zeit ruhen lassen.

2 Den Käse grob reiben. Die Zwiebeln schälen und in feine Ringe schneiden. Die Butter in einer Pfanne zerlassen und die Zwiebelringe darin goldbraun braten.

3 In einem großen Topf Salzwasser zum Kochen bringen. Den Spatzenteig nacheinander portionsweise durch einen Spätzlehobel in das kochende Wasser geben und die Spatzen jeweils etwa 3 Minuten kochen lassen, bis sie an die Oberfläche steigen.

4 Die Spatzen mit dem Schaumlöffel herausnehmen, gut abtropfen lassen und in eine ofenfeste Schüssel geben. Etwas geriebenen Käse über jede Spatzenlage verteilen und mit Pfeffer und Muskatnuss bestreuen. So fortfahren, bis der ganze Teig verbraucht ist.

5 Die Kasspatzen kurz im Ofen warm halten, auf vorgewärmten Tellern anrichten und mit den Röstzwiebeln bestreut servieren.

## Küchentipp

*Werden die Kasspatzen als Beilage gereicht, genügen 350 g Mehl, für ein Hauptgericht benötigt man 500 g Mehl, 1 TL Salz, 375 ml Wasser, 8 Eier und 300 g Käse. In früheren Zeiten wurde der Teig oft mit Milch statt mit Wasser zubereitet, um auf diese Weise Eier zu sparen. Zu Kasspatzen passt besonders gut frischer grüner Blattsalat oder ein gemischter Salat.*

# Überbackene Pfannkuchen
## *mit Spargel*

*Zutaten für 4 Personen*

*Für den Teig:*

*125 ml Milch*

*125 ml Weißwein*

*3 Eier, 250 g Mehl*

*1 TL abgeriebene unbehandelte Zitronenschale*

*Salz*

*frisch geriebene Muskatnuss*

*2 EL gehackte Petersilie*

*75 g Butter*

*Für die Füllung:*

*1 kg weißer Spargel*

*Salz, Zucker*

*1 TL Butter*

*Zum Überbacken:*

*4 Tomaten, 1 Zwiebel*

*2 EL Butter*

*50 g Crème fraîche*

*50 g Emmentaler Käse*

1 Für den Teig Milch und Weißwein in einer Schüssel verrühren. Die Eier dazugeben und das Mehl unterrühren. Zitronenschale, etwas Salz, 1 Prise Muskatnuss und die gehackte Petersilie hinzufügen und den Teig etwa 30 Minuten ruhen lassen.

2 Für die Füllung die Spargelstangen schälen und die holzigen Enden abschneiden. Die Spargelstangen mit Küchengarn zusammenbinden.

3 Wasser in einem großen Topf zum Kochen bringen. Salz, 1 Prise Zucker und 1 TL Butter in den Topf geben und den Spargel darin 10 bis 15 Minuten garen. Den Spargel herausnehmen und auf Küchenpapier gut abtropfen lassen. Den Backofen auf 230 °C vorheizen.

4 Für die Pfannkuchen portionsweise Butter in einer Pfanne zerlassen und nach und nach etwa 12 dünne Pfannkuchen backen. Jeden Pfannkuchen mit 2 bis 4 Spargelstangen belegen und aufrollen. Eine ofenfeste Form einfetten und die Pfannkuchenrollen hineinschichten.

5 Zum Überbacken die Tomaten kreuzweise einritzen, überbrühen, häuten, entkernen und das Fruchtfleisch in kleine Würfel schneiden. Die Zwiebel schälen und ebenfalls in kleine Würfel schneiden.

6 Die Butter in einer Pfanne zerlassen und die Tomaten und die Zwiebel kurz andünsten. Die Crème fraîche unterrühren und die Masse über die Pfannkuchenrollen geben.

7 Den Käse reiben und über die Pfannkuchen streuen. Die Pfannkuchen im vorgeheizten Ofen auf der mittleren Schiene kurz überbacken, bis der Käse geschmolzen ist.

# Gemischte Schwammerl

## *in Kräuterrahm mit Semmelknödeln*

*Zutaten für 4 Personen*

*Für die Semmelknödel:*

*10 Semmeln vom Vortag*
*Salz*
*375 ml Milch*
*½ Zwiebel*
*je 1 Bund Petersilie und Schnittlauch*
*1 EL Butter*
*3 Eier*

*Für die Schwammerl:*

*300 g Champignons*
*150 g Egerlinge*
*150 g Austernpilze*
*1 Zwiebel*
*1 Knoblauchzehe*
*3 EL Butter*
*Salz*
*Pfeffer aus der Mühle*
*frisch geriebene Muskatnuss*
*2 EL Mehl*
*150 ml Weißwein*
*500 g Sahne*

1 Für die Knödel die Semmeln in Scheiben schneiden, in eine Schüssel geben und mit Salz würzen. Die Milch leicht erwärmen und darübergießen, 20 Minuten zugedeckt ziehen lassen. Die Zwiebel schälen und in kleine Würfel schneiden. Petersilie und Schnittlauch waschen, trockenschütteln und hacken bzw. in Röllchen schneiden.

2 Die Butter in einer Pfanne zerlassen, die Zwiebel und die Hälfte der Petersilie darin andünsten. Zwiebeln und Petersilie unter die Semmeln mischen. Die Eier dazugeben und alles gut verkneten. Mit angefeuchteten Händen aus der Masse 8 Knödel formen.

3 Reichlich Salzwasser in einem großen Topf zum Kochen bringen und die Knödel etwa 15 Minuten darin gar ziehen, auf keinen Fall kochen lassen! Die Knödel mit dem Schaumlöffel herausnehmen und abtropfen lassen.

4 Für die Schwammerl die Pilze putzen, trocken abreiben und vierteln. Die Zwiebel und den Knoblauch schälen und in feine Würfel schneiden. In einer Pfanne 1 EL Butter zerlassen und die Zwiebeln und den Knoblauch darin andünsten. Die Schwammerl dazugeben und etwa 10 Minuten mitdünsten. Mit Salz, Pfeffer und 1 Prise Muskatnuss würzig abschmecken.

5 Die restliche Butter in einem kleinen Topf erhitzen, das Mehl unterrühren und eine Mehlschwitze herstellen. Den Weißwein und die Sahne dazugießen und die Sauce unter Rühren einmal aufkochen lassen. Die Schwammerl unter die Sauce mischen. Die restliche Petersilie und die Hälfte des Schnittlauchs dazugeben und nach Belieben nochmals mit Salz und Pfeffer nachwürzen.

6 Die Schwammerl auf vorgewärmte Teller verteilen und jeweils zwei Knödel in die Mitte setzen. Mit dem restlichen Schnittlauch bestreut servieren.

# Röstkartoffeln

## *mit Zwiebeln*

*Zutaten für 4 Personen*

*500 g festkochende Kartoffeln*

*Salz*

*1 Zwiebel*

*3 EL Butter*

*Pfeffer aus der Mühle*

*1/2 Bund Schnittlauch*

1 Die Kartoffeln waschen und in Salzwasser etwa 20 Minuten garen, sodass sie noch leichten Biss haben. Kalt abschrecken, pellen und kurz auskühlen lassen.

2 Anschließend die Kartoffeln in gleichmäßige Scheiben schneiden. Die Zwiebel schälen und in feine Streifen schneiden.

3 Die Butter in einer beschichteten Pfanne zerlassen und die Kartoffelscheiben darin von allen Seiten goldbraun braten. Kurz vor dem Servieren die Zwiebelstreifen untermischen und die Kartoffeln mit Salz und Pfeffer kräftig abschmecken.

4 Den Schnittlauch waschen, trockenschütteln und in feine Röllchen schneiden. Die Röstkartoffeln auf Teller verteilen und mit dem Schnittlauch bestreuen.

## Küchentipp

*Röstkartoffeln kann man auch noch mit 1 Prise Kümmel würzen. Aus am Vortag gekochten oder übrig gebliebenen Pellkartoffeln lassen sie sich schnell zubereiten. Wer dabei Bratfett sparen möchte, sollte einfach beim Rösten die Pfanne zudecken.*

# Kartoffelschmarren
## *mit Sauerrahm*

*Zutaten für 4 Personen*

*5 mittelgroße mehlig kochende Kartoffeln*

*Salz*

*100 g Mehl*

*Pflanzenfett oder Butterschmalz zum Ausbacken*

*3 EL Sauerrahm*

1 Die Kartoffeln in einen Topf geben und in Salzwasser 20 bis 25 Minuten garen. Abgießen und kurz auskühlen lassen.

2 Die Kartoffeln pellen und noch warm durch die Kartoffelpresse in eine flache Schüssel drücken.

3 Die Kartoffelmasse gut abdampfen und auskühlen lassen. Mit etwas Salz und so viel Mehl vermischen, bis die Masse leicht bröselig ist.

4 In einer Pfanne das Fett erhitzen und den Schmarren unter mehrmaligem Wenden goldbraun backen.

5 Zum Schluss den Sauerrahm unterrühren und den Kartoffelschmarren kurz ziehen lassen.

## Küchentipp

*Kartoffelschmarren kann man auch aus gekochten Pellkartoffeln vom Vortag machen. Einfach die Kartoffeln pellen und auf der Gemüsereibe reiben. Wer Fett sparen möchte, bereitet den Kartoffelschmarren im vorgeheizten Backofen zu. Dafür in einem flachen, breiten Schmortopf etwas Öl erhitzen und die Kartoffel-Mehl-Masse darin unter mehrmaligem Wenden goldbraun backen. Kartoffelschmarren passt sehr gut als Beilage sowohl zu kräftigen Saucen, Kraut oder Sauerkraut als auch zu Apfelmus und Preiselbeeren.*

# Kaspressknödel

## *mit Kümmel*

*Zutaten für 4 Personen*

*150 g mehlig kochende Kartoffeln*
*Salz*
*1 Zwiebel*
*3–4 EL Butter*
*5 Semmeln vom Vortag*
*200 ml Milch*
*2 Eier*
*Pfeffer aus der Mühle*
*frisch geriebene Muskatnuss*
*1/2 TL gemahlener Kümmel*
*1 EL gehackte Petersilie*
*100 g Almkäse oder Graukäse*

1 Die Kartoffeln waschen und mit der Schale in Salzwasser etwa 20 Minuten garen.

2 Die Zwiebel schälen und in kleine Würfel schneiden. In einer Pfanne 1 EL Butter zerlassen und die Zwiebel darin glasig dünsten.

3 Die Semmeln in kleine Würfel schneiden. Die Milch einmal kurz aufkochen lassen und vom Herd nehmen. Die Eier verquirlen, mit der Milch vermischen, mit Salz, Pfeffer, 1 Prise Muskatnuss und Kümmel würzen. Die Eiermilch über die Semmeln gießen. Die Zwiebelwürfel und die Petersilie untermischen.

4 Die gegarten Kartoffeln pellen und durch die Presse zu den Semmeln drücken. Den Käse grob reiben und ebenfalls unterrühren.

5 Die Knödelmasse 10 Minuten ziehen lassen und nach Belieben nochmals mit Salz und Pfeffer abschmecken. Mit angefeuchteten Händen kleine Knödel aus der Masse formen und diese zu jeweils 1 bis 2 cm dicken Talern flach drücken.

6 Die restliche Butter in einer beschichteten Pfanne zerlassen und die Knödel darin von beiden Seiten goldbraun braten. Nach Belieben mit Sauerkraut servieren.

# Reiberknödel

## *mit Muskatnuss*

*Zutaten für 4 Personen*

*900 g mehlig kochende Kartoffeln*

*Salz*

*1 Ei*

*40 g Speisestärke*

*Pfeffer aus der Mühle*

*frisch geriebene Muskatnuss*

1 Von den Kartoffeln 400 g waschen und in Salzwasser etwa 20 Minuten garen, kalt abschrecken und pellen. Durch die Kartoffelpresse in eine Schüssel drücken.

2 Die restlichen Kartoffeln waschen, schälen und auf der Gemüsereibe oder mit der Küchenmaschine klein raspeln, in ein Geschirrtuch geben und fest ausdrücken.

3 Beide Kartoffelmassen vermischen, das Ei unterrühren und die Speisestärke dazugeben. Die Knödelmasse mit Salz, Pfeffer und reichlich Muskatnuss würzen.

4 Aus der Masse mit angefeuchteten Händen Knödel formen. Reichlich Salzwasser in einem großen Topf zum Kochen bringen und die Knödel darin 15 bis 20 Minuten gar ziehen lassen. Die Knödel mit dem Schaumlöffel herausnehmen, abtropfen lassen und sofort servieren.

## Küchentipp

*Reiberknödel, d. h. Kartoffelknödel, kann man auch nur aus rohen Kartoffeln zubereiten. Dafür die Kartoffeln reiben, ausdrücken, 250 ml Milch und 30 g Grieß aufkochen und unter die Kartoffeln mischen. Den Teig salzen und daraus Knödel formen, nach Belieben geröstete Brotwürfel in die Knödel stecken. Reiberknödel schmecken nicht nur zu Schweinebraten oder Schweinshaxe, sondern auch zu Böfflamott oder Gänsebraten.*

# Sauerkraut

## *mit fünferlei Gewürzen*

*Zutaten für 4 Personen*

*2–3 Zwiebeln*

*50 g Butterschmalz*

*500 g rohes Sauerkraut*

*100 ml Weißwein*

*100 ml Gemüse- oder Rinderbrühe (siehe Seite 52)*

*Salz, Zucker*

*1 Lorbeerblatt, Piment- und Pfefferkörner, Gewürznelken, ganzer Kümmel*

*1–2 mehlig kochende Kartoffeln*

1 Die Zwiebeln schälen und in feine Streifen schneiden. Das Butterschmalz in einem Topf zerlassen und die Zwiebeln darin glasig dünsten.

2 Das Sauerkraut waschen und zu den Zwiebeln in den Topf geben. Den Wein und die Brühe dazugießen. Das Sauerkraut mit Salz und 1 Prise Zucker würzig abschmecken.

3 Das Lorbeerblatt, einige Piment- und Pfefferkörner, Gewürznelken sowie Kümmel in ein Gewürzsäckchen oder in einen Einwegteebeutel binden und zum Kraut in den Topf geben.

4 Die Kartoffeln waschen, schälen, auf der Gemüsereibe raspeln und unter das Sauerkraut mischen.

5 Das Sauerkraut zugedeckt 40 bis 50 Minuten bei mittlerer Hitze dünsten. Vor dem Servieren das Gewürzsäckchen aus dem Kraut wieder entfernen.

# Schupfnudeln

## *mit Sauerkraut*

*Zutaten für 4 Personen*

*350 g mehlig kochende Kartoffeln*

*Salz*

*150 g Mehl*

*2 EL Butter*

*1 Eigelb*

*Pfeffer aus der Mühle*

*frisch geriebene Muskatnuss*

*80 g Butter- oder Schweineschmalz*

1 Die Kartoffeln waschen und mit der Schale in Salzwasser etwa 20 Minuten garen. Die Kartoffeln kalt abschrecken, pellen und durch die Kartoffelpresse in eine Schüssel drücken. Mehl, Butter, Eigelb und Salz, Pfeffer und Muskatnuss dazugeben und alles zu einem festen Teig verrühren.

2 Die Arbeitsfläche mit etwas Mehl bestäuben und den Kartoffelteig darauf zu einer etwa 3 cm dicken Rolle drehen. Kleine Stücke von der Rolle abschneiden und jeweils zu fingerdicken Nudeln formen.

3 Reichlich Salzwasser in einem Topf zum Kochen bringen und die Nudeln kurz darin gar ziehen lassen. Mit dem Schaumlöffel herausnehmen und abtropfen lassen.

4 In einer Pfanne das Schmalz erhitzen und die Schupfnudeln darin portionsweise goldgelb braten. Zusammen mit Sauerkraut (siehe Rezept Seite 75) servieren.

## Küchentipp

*Schupfnudeln passen als Beilage zu vielen Bratengerichten. Als Hauptspeise kann man sie mit Sauerkraut vermengen, in der Pfanne scharf anbraten und vor dem Servieren noch mit in Butter gebräunten Zwiebeln und frischem Schnittlauch bestreuen.*

# Blaukraut

## *mit Äpfeln*

*Zutaten für 4 Personen*

*800 g Blaukraut (Rotkohl)*

*2 Zwiebeln*

*2 Äpfel*

*50 g Butter- oder Schweineschmalz*

*1 EL Zucker*

*1 Lorbeerblatt, Piment- und Pfefferkörner, Gewürznelken, 1 Zimtstange*

*4 EL Rotweinessig*

*Salz*

*100 ml Rotwein*

*100 ml Gemüse- oder Rinderbrühe (siehe Seite 52)*

*3 EL Johannisbeergelee*

1 Vom Blaukraut die äußeren welken Blätter entfernen. Das Kraut vierteln und den harten Strunk herausschneiden. Die Blaukrautviertel auf dem Gemüsehobel in Streifen hobeln, waschen und auf einem Sieb abtropfen lassen. Die Zwiebeln schälen und in feine Streifen schneiden. Die Äpfel schälen, vierteln, entkernen und in dünne Scheiben schneiden.

2 Das Schmalz in einem Topf zerlassen, den Zucker dazugeben und karamellisieren lassen. Die Zwiebeln und die Apfelscheiben hinzufügen und kurz mitdünsten. Lorbeerblatt, Piment- und Pfefferkörner, Gewürznelken und die Zimtstange in ein Gewürzsäckchen oder in einen Einwegteebeutel binden.

3 Das Blaukraut zu den Zwiebeln und den Äpfeln in den Topf geben, die Gewürze hinzufügen und das Kraut kurz andünsten. Den Essig darübergießen, damit das Kraut seine Farbe behält. Mit Salz würzen und den Rotwein und die Brühe dazugießen.

4 Das Kraut zugedeckt bei mittlerer Hitze 50 bis 60 Minuten dünsten. Je nach Bedarf noch etwas Flüssigkeit hinzufügen.

5 Vor dem Anrichten das Gewürzsäckchen entfernen, das Johannisbeergelee unterrühren und das Kraut nach Belieben mit Salz und Pfeffer abschmecken.

# Bayerisch Kraut
## *mit Speck*

*Zutaten für 4 Personen*

*1 kg Weißkraut*

*2 Zwiebeln*

*100 g durchwachsener Räucherspeck*

*40 g Butter- oder Schweineschmalz*

*1 EL Zucker*

*2 EL Weißweinessig*

*Salz*

*Pfeffer aus der Mühle*

*1–2 TL ganzer Kümmel*

*300 ml Gemüse- oder Rinderbrühe (siehe Seite 52)*

1 Vom Weißkraut die äußeren welken Blätter entfernen. Das Kraut vierteln und den harten Strunk herausschneiden. Die Weißkrautviertel jeweils in kleine, 2 cm große Rauten schneiden oder auf dem Gemüsehobel in Streifen hobeln, waschen und auf einem Sieb abtropfen lassen.

2 Die Zwiebeln schälen und in feine Würfel schneiden. Den Speck ebenfalls in feine Würfel schneiden.

3 Das Schmalz in einem Topf zerlassen, den Zucker dazugeben und hellbraun karamellisieren lassen. Die Speck- und Zwiebelwürfel hinzufügen und mit andünsten. Den Essig hinzufügen, das Kraut dazugeben und mit Salz, Pfeffer und Kümmel kräftig abschmecken.

4 Die Brühe nach und nach über das Kraut gießen und das Kraut zugedeckt bei schwacher Hitze etwa 50 Minuten dünsten. Vor dem Anrichten nach Belieben nochmals mit Salz und Pfeffer nachwürzen.

## Küchentipp

*Wer keinen Speck mag, kann ihn auch einfach weglassen. Ganz schnell lässt sich das Bayerisch Kraut im Dampfdrucktopf zubereiten. Die Garzeit beträgt dann nur etwa 10 Minuten.*

# Fisch

*Gebraten, gebacken oder geräuchert: Alles, was sich in Bayerns zahlreichen Bächen oder Seen tummelt, wie Barsch, Forelle oder Zander, schmeckt auch mit einer frisch gezapften Maß Bier – denn Fisch muss schwimmen.*

# Gedünstetes Rotbarschfilet

## *mit Gemüsestreifen in Weißweinsauce*

*Zutaten für 4 Personen*

*1 Zwiebel*

*2 Möhren*

*200 g Knollensellerie*

*200 g Lauch*

*130 g Butter*

*Salz*

*Pfeffer aus der Mühle*

*4 Rotbarschfilets (à 160 g)*

*2 EL Zitronensaft*

*3 EL Mehl*

*200 ml trockener Weißwein*

*200 ml Fischfond (aus dem Glas)*

*100 g Sahne*

*1 Eigelb*

1 Die Zwiebel schälen, in kleine Würfel schneiden und beiseite stellen. Die Möhren und den Sellerie schälen, den Lauch putzen und waschen. Möhren, Sellerie und Lauch jeweils in feine Streifen schneiden.

2 In einem Topf 60 g Butter zerlassen, die Gemüsestreifen dazugeben und zugedeckt bei schwacher Hitze etwa 15 Minuten dünsten. Dabei mehrmals umrühren und bei Bedarf etwas Wasser dazugeben. Das Gemüse mit Salz und Pfeffer würzen.

3 Die Rotbarschfilets gründlich waschen und mit Küchenpapier trockentupfen. Mit dem Zitronensaft beträufeln und mit Salz und Pfeffer würzen. 3 EL Butter und das Mehl zu einem kleinen Kloß verkneten.

4 In einer Pfanne die restliche Butter erhitzen und die Zwiebel darin glasig dünsten. Den Weißwein und den Fischfond dazugießen. Das Fischfilet dazugeben und zugedeckt etwa 10 Minuten bei schwacher Hitze dünsten.

5 Den Rotbarsch aus der Pfanne nehmen und auf vorgewärmten Tellern warm halten. Den Sud mit der Mehlbutter binden, aufkochen lassen und durch ein feines Sieb streichen. Die Sahne und das Eigelb mit dem Schneebesen unter die Sauce rühren und mit Salz und Pfeffer abschmecken. Die Sauce sollte jetzt nicht mehr kochen!

6 Den Fisch mit der Sauce begießen und mit den Gemüsestreifen anrichten. Dazu passt am besten körnig gekochter Reis.

# Forelle »blau«

## *aus dem Wurzelsud*

*Zutaten für 4 Personen*

*Für den Wurzelsud:*

*1 Zwiebel, 1 Möhre*
*100 g Knollensellerie*
*1/2 Lauchstange*
*(nur das Weiße)*
*2 Stiele Petersilie*
*1 Stiel Estragon*
*5 Pfefferkörner*
*2 EL Salz, 1 EL Zucker*
*1 Lorbeerblatt*
*je 125 ml Essig*
*und Weißwein*

*Für die Forellen:*

*4 frische Forellen (à 300 g; vom Fischhändler ausgenommen, nicht geschuppt)*
*4 EL Essig*

1 Für den Wurzelsud die Zwiebel, die Möhre und den Sellerie schälen. Den Lauch putzen und waschen. Das Gemüse in feine Stifte schneiden. Die Kräuter waschen und trockenschütteln. Die Pfefferkörner zerdrücken.

2 In einem Fischkochtopf 2 l Wasser, das Gemüse, die Gewürze, den Essig und den Weißwein aufkochen. Die Hitze reduzieren und den Wurzelsud zugedeckt etwa 35 Minuten kochen lassen.

3 Für die Forellen die Fische vorsichtig waschen, auf eine Platte legen und für die Blaufärbung mit 4 EL Essig beträufeln.

4 Die Forellen in den heißen Wurzelsud legen (sie sollten vollständig vom Sud bedeckt sein!) und fast zum Kochen bringen. Den entstehenden Schaum mit dem Schaumlöffel abschöpfen und den Topf sofort vom Herd nehmen. Die Forellen zugedeckt im Sud etwa 10 Minuten gar ziehen lassen. Sie sind fertig, wenn die Augen weiß heraustreten und sich die Rückenflosse leicht herausziehen lässt.

5 Die Forellen auf vorgewärmten Tellern und nach Belieben mit Zitronenhälften und Petersilie garnieren. Sofort servieren und Salzkartoffeln und Blattsalat dazureichen.

## Küchentipp

*Für alle Fischgerichte gilt die 3-S-Regel: Säubern: Ganze Fische werden geschuppt, ausgenommen und gewaschen. Fischfilets werden nur gewaschen. Säuern: Fische und Fischfilets werden mit Essig oder Zitronensaft beträufelt. Die Säure macht das Fischfleisch fester und dient auch der Geschmacksverbesserung. Salzen: Der Fisch wird erst kurz vor der Zubereitung gesalzen, damit dem Fischfleisch nicht zu viel Flüssigkeit entzogen wird.*

# Forelle »Müllerin Art«

## *mit Salzkartoffeln*

*Zutaten für 4 Personen*

*750 g festkochende Kartoffeln*

*Salz*

*4 küchenfertige Forellen (à 300 g)*

*1 unbehandelte Zitrone*

*weißer Pfeffer*

*6 EL Mehl*

*6 EL Butterschmalz*

*1/2 Bund Petersilie*

*80 g Butter*

1 Die Kartoffeln schälen, waschen und der Länge nach halbieren. Die Kartoffeln in einen Topf mit kaltem Salzwasser geben, aufkochen lassen und zugedeckt 20 bis 25 Minuten garen. Die Kartoffeln abgießen, kurz dämpfen lassen und im geschlossenen Topf warm halten.

2 Die Forellen gründlich waschen und mit Küchenpapier trockentupfen. Die Zitrone waschen, trockenreiben, halbieren und eine Hälfte auspressen. Die Forellen innen und außen mit dem Zitronensaft beträufeln und mit Salz und Pfeffer würzen.

3 Das Mehl auf einen Teller geben und die Forellen darin wenden, überschüssiges Mehl abklopfen.

4 Das Butterschmalz in einer großen oder in zwei Pfannen erhitzen. Die Forellen auf einer Seite darin scharf anbraten, dann bei schwacher Hitze etwa 8 Minuten goldbraun braten. Die Forellen wenden und auf der zweiten Seite goldbraun braten.

5 Die zweite Zitronenhälfte in dünne Scheiben schneiden. Die Petersilie waschen, trockenschütteln, die Blätter von den Stielen zupfen und fein hacken.

6 Die Forellen auf vorgewärmten Tellern anrichten, mit den Zitronenscheiben garnieren und mit der Petersilie bestreuen. Die Butter in der Bratpfanne zerlassen, aufschäumen lassen und über die Forellen gießen.

## Küchentipp

*Wer mag, kann statt Salzkartoffeln zur Forelle »Müllerin Art« natürlich auch frische neue Pellkartoffeln und einen grünen Blattsalat reichen.*

# Wirsingpflanzerl
## *mit Lachssauce*

*Zutaten für 4 Personen*

*Für die Pflanzerl:*

*2 Semmeln vom Vortag*
*750 g Wirsing*
*Salz*
*2 Eier*
*Pfeffer aus der Mühle*
*3 EL Öl*

*Für die Lachssauce:*

*1 kleine Zwiebel*
*1 EL Öl*
*100 g Sauerrahm*
*2 EL Frischkäse*
*2 Spritzer Tabasco*
*Salz, Pfeffer aus der Mühle*
*Zucker*
*1 TL Speisestärke*
*200 g Räucherlachs*
*1/2 Bund Dill*

1 Für die Pflanzerl die Semmeln in eine Schüssel geben, mit etwa 400 ml lauwarmem Wasser übergießen und kurz ziehen lassen. In einem großen Topf reichlich Salzwasser aufkochen.

2 Vom Wirsing die äußeren welken Blätter entfernen, den Wirsing vierteln und den harten Strunk herausschneiden. Die Viertel im Salzwasser etwa 10 Minuten kochen, in ein Sieb abgießen und auskühlen lassen.

3 Den Wirsing mit einem großen Küchenmesser oder einem Wiegemesser sehr fein hacken.

4 Die Semmeln mit den Händen ausdrücken, mit dem Wirsing und den Eiern in einer Schüssel gut verkneten und mit Salz und Pfeffer würzen.

5 Mit angefeuchteten Händen aus der Masse flache Wirsingpflanzerl formen. Das Öl in einer Pfanne erhitzen und die Pflanzerl bei mittlerer Hitze auf jeder Seite etwa 15 Minuten braten.

6 Für die Lachssauce die Zwiebel schälen und in kleine Würfel schneiden. Das Öl in einem Topf erhitzen und die Zwiebeln darin glasig dünsten. 125 ml Wasser dazugießen und den Sauerrahm und den Frischkäse unterrühren. Die Sauce mit Tabasco, Salz, Pfeffer und 1 Prise Zucker abschmecken. Die Speisestärke mit etwas kaltem Wasser verrühren und die Sauce damit binden.

7 Den Lachs in feine Streifen schneiden. Den Dill waschen, trockenschütteln und die Spitzen abzupfen. Beides kurz vor dem Servieren unter die Sauce rühren.

8 Die Wirsingpflanzerl mit der Lachssauce anrichten und körnig gekochten Reis oder Salzkartoffeln dazuservieren.

# Seezungenrouladen

## *im Mangoldmantel mit Tomatensauce*

*Zutaten für 4 Personen*

*Für die Rouladen:*

*8 große Mangoldblätter*

*Salz*

*100 g frische Steinpilze*

*4 EL Butter*

*Pfeffer aus der Mühle*

*4 rohe ungeschälte Garnelen*

*8 Seezungenfilets (à 70 g)*

*8 Halme Schnittlauch*

*Für die Tomatensauce:*

*1 Schalotte*

*250 ml passierte Tomaten*

*40 ml Brandy*

*4 EL Sahne*

*Salz, Pfeffer aus der Mühle*

*Zucker*

1 Für die Rouladen die Mangoldblätter waschen und sehr dicke Blattrippen entfernen. Reichlich Salzwasser in einem Topf aufkochen, die Mangoldblätter darin kurz blanchieren, in ein Sieb abgießen und kalt abschrecken. Die Blätter auf einem Küchentuch ausbreiten.

2 Die Steinpilze putzen, trocken abreiben und in feine Scheiben schneiden. In einer Pfanne 2 EL Butter zerlassen und die Pilze darin unter Rühren anbraten, mit Salz und Pfeffer würzen.

3 Die Garnelen waschen, in eine Schüssel geben und mit kochendem Wasser überbrühen. Die Garnelen abgießen und die Köpfe abdrehen. Die Schwänze schälen, an der Oberseite entlang einschneiden und den dunklen Darm entfernen.

4 Die Seezungenfilets waschen und trockentupfen. Je 2 Filets auf 2 blanchierte Mangoldblätter legen, je 1 geschälten Garnelenschwanz und einige Pilzscheiben daraufgeben. Die Mangoldblätter zu Rouladen aufrollen und mit Schnittlauchhalmen festbinden. Die Fischrouladen kalt stellen.

5 Für die Tomatensauce die Schalotte schälen und in feine Würfel schneiden. Die restliche Butter zerlassen und die Schalotte darin glasig dünsten. Die Garnelenköpfe und -schalen dazugeben und unter Rühren anbraten. Den Brandy dazugießen und einige Minuten kochen lassen. Die Tomaten hinzufügen, 5 Minuten leicht kochen lassen, dann die Sahne unterrühren und nochmals kurz kochen lassen. Die Sauce durch ein feines Sieb gießen und mit Salz, Pfeffer und 1 Prise Zucker würzen.

6 Die Fischrouladen in einen Dämpfeinsatz geben und in einem passenden Topf über kochendem Salzwasser etwa 20 Minuten dämpfen. Die Rouladen mit der Sauce auf vorgewärmten Tellern anrichten. Nach Belieben Bandnudeln, Reis oder Kartoffeln dazureichen.

# Fischpflanzerl

## *mit Semmelbröselkruste*

*Zutaten für 4 Personen*

*500 g weißfleischiges Fischfilet (z. B. Kabeljau, Seelachs, Rotbarsch)*

*1 EL Zitronensaft*

*1 Semmel vom Vortag*

*250 ml lauwarme Milch*

*je ½ Bund Petersilie und Majoran*

*1 Zwiebel*

*1 Ei*

*100 g Bratwurstbrät*

*Salz*

*Pfeffer aus der Mühle*

*Paprikapulver*

*etwa 8 EL Semmelbrösel*

*Pflanzenöl zum Frittieren*

1 Das Fischfilet waschen und mit Küchenpapier trockentupfen. Den Fisch in Würfel schneiden, in eine Schüssel geben und mit dem Zitronensaft beträufeln.

2 Die Semmel in eine kleine Schüssel geben, mit der lauwarmen Milch übergießen und ziehen lassen.

3 Die Kräuter waschen und trockenschütteln. Die Blätter von den Stielen zupfen und fein hacken. Die Zwiebel schälen und in feine Würfel schneiden.

4 Die Semmel etwas ausdrücken und zusammen mit den Fischstücken durch den Fleischwolf (3 bis 4 mm Lochscheibe) drehen oder im Blitzhacker zerkleinern.

5 Das Ei, das Bratwurstbrät, die Kräuter und die Zwiebel zur Fischmasse geben, mit Salz, Pfeffer und 1 Prise Paprikapulver würzen und alles gut verkneten.

6 Mit angefeuchteten Händen aus der Fischmasse flache Pflanzerl formen und in den Semmelbröseln wenden.

7 Das Öl in einem Topf oder in der Fritteuse auf 180 °C erhitzen, die Fischpflanzerl portionsweise hineingeben und goldgelb ausbacken. Als Beilage eignen sich Kartoffelsalat, Petersilienkartoffeln oder grüner Salat.

# Gebratener Zander

## *mit Sauce hollandaise*

*Zutaten für 4 Personen*

*Für den Fisch:*

*4 Zanderfilets (à 180 g; küchenfertig)*

*Saft von 1/2 Zitrone*

*4 EL Butter*

*Salz*

*Pfeffer aus der Mühle*

*Für die Sauce hollandaise:*

*2 Schalotten*

*1 TL weiße Pfefferkörner*

*125 ml Weißwein*

*100 ml Weißweinessig*

*3 Eigelb*

*250 g zerlassene lauwarme Butter*

*Cayennepfeffer, Zucker*

*1/2 Bund Petersilie*

1 Für den Fisch die Zanderfilets waschen, mit Küchenpapier trockentupfen und mit Zitronensaft beträufeln.

2 Die Butter in einer Pfanne erhitzen und die Filets darin bei schwacher Hitze auf der Hautseite etwa 5 Minuten anbraten. Die Pfanne vom Herd nehmen, die Filets wenden und glasig durchziehen lassen. Auf Küchenpapier abtropfen lassen und mit Salz und Pfeffer würzen.

3 Für die Sauce die Schalotten schälen und in feine Würfel schneiden, die Pfefferkörner zerdrücken. Die Schalotten mit den Pfefferkörnern, dem Weißwein, dem Essig und 100 ml Wasser in einen kleinen Topf geben, aufkochen und auf etwa ein Drittel einkochen lassen. Den Sud durch ein feines Sieb in eine Metallschüssel abgießen.

4 Die Metallschüssel in ein heißes Wasserbad stellen, die Eigelbe dazugeben und mit dem Schneebesen schaumig schlagen. Dann nach und nach die lauwarme Butter unterschlagen, bis die Sauce eine feste Konsistenz hat, mit Salz und je 1 Prise Cayennepfeffer und Zucker würzen.

5 Die Petersilie waschen, trockenschütteln, die Blätter von den Stielen zupfen und fein hacken. Die Filets auf einer vorgewärmten Platte oder auf Tellern anrichten und mit der Petersilie bestreuen. Die Sauce hollandaise dazureichen und nach Belieben als Beilage Petersilienkartoffeln dazuservieren.

HB
MÜNCHEN

# Fleisch

*Altbewährt und weltberühmt: Schweinebraten, Schweinshaxe und Böfflamott stillen nicht nur den größten Hunger. Zusammen mit einem frischen Hofbräuhaus-Bier ist der Genießer dann schnell im siebten Gourmethimmel.*

# Wiesnhendl

## *mit Kartoffelsalat*

*Zutaten für 4 Personen*

*2 Brathähnchen (à 1,2 kg; bratfertig)*
*175 ml Öl*
*Salz*
*Pfeffer aus der Mühle*
*Paprikapulver*
*Currypulver*
*getrockneter Thymian*
*frisch geriebene Muskatnuss*
*4 Stiele Petersilie*

1 Die Brathähnchen von innen und außen waschen und mit Küchenpapier trockentupfen. In einer Schüssel das Öl mit Salz, Pfeffer und je 1 TL Paprikapulver, Currypulver, Thymian und 1/2 TL Muskatnuss zu einer Paste verrühren.

2 Die Brathähnchen mit der Gewürzpaste außen und innen einreiben. Die Petersilie waschen, trockenschütteln und jeweils zwei Stiele in die Bauchhöhle der Hähnchen schieben. Den Backofen auf 170 °C vorheizen.

3 Die Hähnchen nebeneinander mit der Brustseite nach unten in einen Bräter, in eine Bratraine oder auf einen Rost legen (oder auf einen Hähnchengrillspieß stecken). Sobald der Rücken eine braune Farbe angenommen hat, die Hähnchen wenden und weiterbraten. Während des Bratens mehrmals mit Bratensaft begießen. Die Hähnchen insgesamt etwa 1 bis 1 1/2 Stunden im vorgeheizten Ofen garen.

4 Die Wiesnhendl aus dem Ofen nehmen und mit der Geflügelschere längs in zwei Hälften schneiden. Jeweils eine Hälfte auf einem Teller anrichten und mit Kartoffelsalat (siehe Seite 62) oder nach Belieben mit grünem Salat oder Brot servieren.

## Küchentipp

*Wenn man kein frisches Brathähnchen bekommt, sollte man das tiefgekühlte Hähnchen am besten einen Tag vorher im Kühlschrank auftauen lassen. Die Innereien und das Fett entfernen. Unter fließendem kaltem Wasser gründlich waschen und mit Küchenpapier trockentupfen.*

# Hähnchenbrustfilet

## *in Ei-Käse-Hülle auf Tomatennudeln*

*Zutaten für 4 Personen*

*Für die Filets:*

*4 Hähnchenbrustfilets (à 180 g)*

*3 Eier*

*30 g geriebener Parmesan*

*100 g Mehl, Salz*

*Pfeffer aus der Mühle*

*4 EL Butter*

*Für die Tomatennudeln:*

*200 g Röstgemüse (z. B. Möhren, Sellerie, Zwiebeln)*

*100 g durchwachsener Speck*

*5 EL Butter, 2 EL Mehl*

*200 g Tomatenpüree*

*250 ml Rotwein*

*250 ml Gemüsebrühe*

*2 Knoblauchzehen*

*1 Lorbeerblatt, je 1 TL getrockneter Thymian, Rosmarin, Salbei, Oregano, Wacholderbeeren*

*4 Tomaten*

*Salz, Pfeffer aus der Mühle*

*Zucker, 400 g Bandnudeln*

1 Für die Filets die Hähnchenbrüste waschen und trockentupfen. Die Eier mit Parmesan und 20 g Mehl verquirlen. Das Fleisch mit Salz und Pfeffer würzen, durch das Eigemisch ziehen und im restlichen Mehl wenden.

2 Die Butter in einer Pfanne zerlassen und die Hähnchenbrustfilets darin etwa 10 Minuten unter Wenden goldbraun braten.

3 Für die Tomatennudeln das Gemüse putzen, schälen und in kleine Stücke schneiden. Den Speck in kleine Würfel schneiden. In einem Topf die Butter zerlassen und das Gemüse mit dem Speck darin anbraten.

4 Das Mehl darüberstäuben und das Tomatenpüree unter Rühren hinzufügen. Den Rotwein und die Brühe dazugießen und alles unter Rühren aufkochen lassen. Den Knoblauch schälen und mit der Messerklinge etwas zerdrücken.

5 Den Knoblauch, die Gewürze und die Kräuter zur Tomatensauce geben und etwa 30 Minuten kochen lassen. Die Tomaten kreuzweise einritzen, überbrühen, häuten, entkernen, das Fruchtfleisch in Würfel schneiden und beiseite stellen.

6 Die Sauce durch ein Sieb passieren und mit Salz, Pfeffer und 1 Prise Zucker abschmecken. Die Tomatenwürfel hinzufügen und die Sauce einmal aufkochen lassen.

7 Die Nudeln nach Packungsanweisung in reichlich Salzwasser bissfest garen. In ein Sieb abgießen, abtropfen lassen und mit der Tomatensauce vermischen.

8 Die Hähnchenbrustfilets aus der Pfanne nehmen, kurz mit Küchenpapier abtupfen und schräg einschneiden. Die Tomatennudeln auf vorgewärmte Teller verteilen und die Hähnchenbrustfilets darauf anrichten.

# Gebratene Ente
## *in Portwein-Orangen-Sauce*

*Zutaten für 4 Personen*

*Für die Ente:*

*1 Ente (2 kg)*

*Salz*

*Pfeffer aus der Mühle*

*250 ml Geflügelbrühe*

*4 EL Öl*

*Für die Sauce:*

*1 Zwiebel*

*50 g Knollensellerie*

*50 g Lauch (nur das Weiße)*

*2 EL Butter*

*300 ml braune Kraftsauce (siehe Seite 121)*

*2 EL Zucker*

*100 ml roter Portwein*

*125 ml frisch gepresster Orangensaft*

*2 EL Aceto balsamico*

1 Für die Ente den Backofen auf 220 °C vorheizen. Die Ente innen und außen waschen und mit Küchenpapier trockentupfen. Die Ente mit Salz und Pfeffer würzen.

2 Die Geflügelbrühe in einem kleinen Topf aufkochen. Das Öl in einem Bräter erhitzen und die Ente mit der Brustseite nach unten in den Bräter legen. Die kochende Brühe seitlich dazugießen und die Ente etwa 30 Minuten im vorgeheizten Ofen auf der mittleren Schiene braten, danach die Temperatur auf 180 °C reduzieren.

3 Die Ente weitere 1 1/2 Stunden braten. Sobald der Entenrücken gut gebräunt ist, die Ente wenden und mit der Brustseite nach oben fertig garen, dabei immer wieder mit dem Bratenfond übergießen.

4 Für die Sauce die Zwiebel und den Sellerie schälen, den Lauch putzen und waschen. Das Gemüse in kleine Würfel schneiden.

5 Die Ente aus dem Bräter nehmen, tranchieren, das Fleisch von den Knochen lösen und warm stellen.

6 Den Bratenfond entfetten. Die Butter in einem Topf zerlassen und die Gemüsewürfel unter Rühren darin gut anbraten, die Entenknochen dazugeben und den Bratenfond und die Kraftsauce dazugießen. Die Sauce etwa 5 Minuten kräftig kochen lassen, dann durch ein feines Sieb abgießen.

7 Den Zucker in einem kleinen Topf karamellisieren lassen, Portwein, Orangensaft und Aceto balsamico dazugießen. Die Entensauce untermischen, etwa 3 Minuten kräftig kochen lassen, mit Salz und Pfeffer abschmecken.

8 Das Entenfleisch auf Tellern anrichten, mit der Sauce übergießen und mit Kartoffelknödeln und Blaukraut oder einem Salat servieren.

# Gänseklein
## *in saurer Würzsauce*

*Zutaten für 4 Personen*

*1 Zwiebel*

*2 Knoblauchzehen*

*1 Bund Suppengrün*

*500 g Gänseklein (Flügel, Hals, Herz, Magen)*

*3 EL Gänse- oder Schweineschmalz*

*Salz*

*Pfeffer aus der Mühle*

*3 EL Mehl*

*150 ml trockener Weißwein*

*750 ml Geflügelbrühe*

*1 unbehandelte Zitrone*

*1 Kräutersträußchen (je ein paar Stiele Thymian, Rosmarin, Majoran)*

*1 Lorbeerblatt*

*Zucker*

1 Die Zwiebel und die Knoblauchzehen schälen und in feine Würfel schneiden. Das Suppengrün putzen und waschen bzw. schälen und ebenfalls in kleine Würfel schneiden.

2 Das Gänseklein waschen und mit Küchenpapier trockentupfen. Das Schmalz in einem Topf erhitzen, das Fleisch mit Salz und Pfeffer würzen und im heißen Fett rundherum braun anbraten. Das Fleisch aus dem Topf nehmen und beiseite stellen.

3 Zwiebel, Knoblauch und Suppengrün in den Topf geben und unter Rühren anrösten. Das Gemüse mit Mehl bestäuben, gut unterrühren und den Weißwein und die Brühe dazugießen.

4 Die Zitrone waschen, trockentupfen und die Schale fein abreiben. Das Kräutersträußchen waschen und trockenschütteln. Abgeriebene Zitronenschale, Kräuter und das Lorbeerblatt zur Brühe geben, das angebratene Fleisch hinzufügen und das Gänseklein zugedeckt etwa 1 Stunde weich kochen.

5 Das Fleisch und das Gemüse durch ein feines Sieb abgießen. Die Sauce mit Salz, Pfeffer und 1 Prise Zucker abschmecken. Das Gänsefleisch von den Knochen lösen und zurück in die Sauce geben.

6 Das Gänseklein nach Belieben mit Semmelknödeln und einem Salat oder mit Salzkartoffeln oder Nudeln servieren.

# Putengeschnetzeltes
## *mit frischen Champignons*

*Zutaten für 4 Personen*
*600 g Putenbrustfilet*
*600 g Champignons*
*1 EL Öl*
*Salz*
*Pfeffer aus der Mühle*
*1/2 TL Paprikapulver*
*50 ml Weißwein*
*150 g Sahne*

1 Das Putenfleisch waschen und mit Küchenpapier trockentupfen. Anschließend das Fleisch in feine Streifen schneiden.

2 Die Champignons putzen, trocken abreiben und in dünne Scheiben schneiden.

3 In einer Pfanne das Öl erhitzen und das Fleisch rundherum braun anbraten, mit Salz, Pfeffer und Paprikapulver würzen. Die Champignons hinzufügen und kurz mit anbraten.

4 Den Weißwein dazugießen und etwas einkochen lassen.

5 Die Sahne hinzufügen, das Putengeschnetzelte nach Bedarf mit Salz und Pfeffer nachwürzen und einmal aufkochen lassen.

6 Das Putengeschnetzelte auf vorgewärmten Tellern anrichten und mit körnig gekochtem Reis oder hausgemachten Spätzle servieren.

## Küchentipp

*Besonders fein schmeckt das Putengeschnetzelte, wenn man noch 4 EL frische klein gehackte Kräuter untermischt, zum Beispiel Petersilie, Schnittlauch oder Kerbel.*

# Schweinshaxe

## *mit Reiberknödel und Krautsalat*

*Zutaten für 4 Personen*

*4 hintere Schweinshaxen mit Knochen (à 500 g)*
*Salz*
*Pfeffer aus der Mühle*
*1 Zweig Rosmarin*
*100 ml Öl*
*2 Zwiebeln*
*1 Knoblauchzehe*
*1 große Möhre*
*100 g Knollensellerie*
*75 g durchwachsener Räucherspeck*
*750 ml Hofbräu Original*
*400 ml Kalbsfond*
*2 EL Butter*
*2 EL Mehl*

1 Den Backofen auf 230 °C vorheizen. Die Schweinshaxen waschen, mit Küchenpapier trockentupfen und kräftig mit Salz und Pfeffer würzen. Den Rosmarinzweig waschen und trockenschütteln.

2 Die Haxen nebeneinander in einen Bräter setzen, mit dem Öl beträufeln und den Rosmarin dazugeben. Die Haxen im vorgeheizten Backofen auf der untersten Schiene etwa 30 Minuten braten.

3 Inzwischen die Zwiebeln, den Knoblauch, die Möhre und den Sellerie schälen und in kleine Würfel schneiden. Den Speck ebenfalls in kleine Würfel schneiden. Alles nach 30 Minuten zu den Haxen geben, die Temperatur auf 180 °C reduzieren und weitere 45 Minuten braten.

4 Das Bier und den Kalbsfond nach und nach dazugießen und das Fleisch weitere 1 bis 1 1/2 Stunden garen.

5 Die Schweinshaxen aus dem Bräter nehmen, auf ein Backblech geben und im ausgeschalteten Backofen warm halten. Den Bratenfond entfetten und mit dem Stabmixer fein pürieren. Die Sauce durch ein feines Sieb gießen und aufkochen.

6 Die Butter mit dem Mehl verkneten und stückchenweise mit dem Schneebesen unter die Sauce rühren, bis sie die gewünschte Bindung hat.

7 Die Sauce mit Salz und Pfeffer abschmecken und mit den Haxen auf vorgewärmten Tellern anrichten. Dazu werden Reiberknödel (siehe Seite 74) und Krautsalat mit Speck (siehe Seite 61) serviert.

# Saure Schweinenierchen
## *mit Essiggurken*

*Zutaten für 4 Personen*

*500 g Schweinenieren*
*2 Zwiebeln*
*3 Essiggurken*
*4 EL Butterschmalz*
*2 EL Rotweinessig*
*1 EL Zitronensaft*
*300 ml braune Kraftsauce (siehe Seite 121)*
*Salz*
*Pfeffer aus der Mühle*

1 Die Schweinenieren waschen, häuten und längs halbieren. Alle Häute und Sehnen aus dem Inneren der Nieren entfernen. Die Nieren nochmals waschen und in kaltem Wasser wässern.

2 Inzwischen die Zwiebeln schälen und in kleine Würfel schneiden. Die Essiggurken in feine Streifen schneiden.

3 Die gewässerten Nieren mit Küchenpapier trockentupfen und in feine Scheiben schneiden.

4 In einer Pfanne 2 EL Butterschmalz erhitzen und die Nieren darin braten, bis sie grau sind und kein Blut mehr austritt. Die Nieren aus der Pfanne nehmen und zugedeckt warm halten.

5 Das restliche Butterschmalz in die Pfanne geben, erhitzen und die Zwiebeln darin andünsten. Den Essig und den Zitronensaft dazugießen und einkochen lassen, dann die braune Kraftsauce hinzufügen und nur erhitzen, nicht aufkochen.

6 Die gegarten Nierchen mit Salz und Pfeffer würzen und mit den Essiggurkenstreifen in die Sauce rühren, heiß werden lassen und mit Salz und Pfeffer abschmecken. Dazu krosse Bratkartoffeln und einen Salat servieren.

## Küchentipp

*Nieren sollte man auf keinen Fall zu lange garen, sonst werden sie – ähnlich wie Leber – hart und zäh. Deshalb sollten sie auch erst ganz zum Schluss gewürzt werden.*

# Braumeistersteak

## *mit Kräuterbutter und Ofenkartoffeln*

*Zutaten für 4 Personen*

*Für die Steaks:*

*1 EL Sojasauce*

*2 Spritzer Tabasco*

*1 TL Steakgewürz*

*je 1/2 TL getrocknetes Basilikum und getrockneter Oregano*

*6 EL Öl*

*4 Schweinenackensteaks (à 150 g)*

*Außerdem:*

*1 Bund gemischte Kräuter (z. B. Petersilie, Kerbel, Estragon, Dill)*

*125 g weiche Butter*

*1 TL Zitronensaft*

*Worcestersauce, Salz*

*Pfeffer aus der Mühle*

*4 große festkochende Kartoffeln (à 300 g)*

*1 Bund Schnittlauch*

*200 g Crème fraîche*

1 Für die Steaks am Vortag Sojasauce, Tabasco, Steakgewürz, die getrockneten Kräuter und 4 EL Öl zu einer Marinade verrühren. Die Nackensteaks gründlich waschen, mit Küchenpapier trockentupfen und auf beiden Seiten mit der Marinade bestreichen. Die Steaks in eine Schüssel geben, mit der restlichen Marinade übergießen und 24 bis 48 Stunden ziehen lassen, dabei einmal wenden.

2 Für die Kräuterbutter die Kräuter waschen, trockenschütteln, die Blätter von den Stielen zupfen und fein hacken. Die Butter in einer Schüssel schaumig rühren, die Kräuter, den Zitronensaft und 1 Spritzer Worcestersauce unterrühren und die Kräuterbutter mit Salz und Pfeffer würzen. Die Butter auf ein Stück Alufolie geben, mithilfe der Alufolie zu einer Rolle formen und kalt stellen.

3 Den Backofen auf 200 °C vorheizen. Die Kartoffeln gründlich waschen und einzeln in Alufolie einwickeln (glänzende Seite nach innen). Die Kartoffeln auf dem Grillrost 1 bis 1 1/2 Stunden garen. Den Schnittlauch waschen, trockenschütteln und in Röllchen schneiden. Mit der Crème fraîche verrühren, mit Salz und Pfeffer würzen und kalt stellen.

4 In einer Pfanne das restliche Öl erhitzen, die Steaks aus der Marinade nehmen und auf jeder Seite etwa 7 Minuten braten.

5 Die Kräuterbutter auswickeln und in Scheiben schneiden. Von den Ofenkartoffeln ebenfalls die Alufolie entfernen und die Kartoffeln kreuzweise einschneiden.

6 Die Steaks auf vorgewärmte Teller geben und die Kräuterbutter darauflegen. Die Ofenkartoffeln dazu anrichten und jeweils mit etwas Crème fraîche garnieren.

# Schweinebraten
## *in Hofbräu-Dunkelbiersauce*

*Zutaten für 4 Personen*

*1 kg Schweineschulter (mit Schwarte)*

*Salz*

*Pfeffer aus der Mühle*

*1 TL getrockneter Majoran*

*1 Zwiebel*

*1 Knoblauchzehe*

*1 Bund Suppengrün*

*1 Tomate*

*40 g Roggenbrotrinde*

*250 ml Hofbräu München Dunkel*

1 Den Backofen auf 200 °C vorheizen. Das Schweinefleisch waschen und mit Küchenpapier trockentupfen. Das Fleisch rundherum mit Salz, Pfeffer und Majoran würzen und in einen Bräter legen.

2 Das Fleisch mit etwa 125 ml heißem Wasser übergießen und etwa 30 Minuten auf der mittleren Schiene im vorgeheizten Backofen garen.

3 Die Zwiebel und den Knoblauch schälen, beides halbieren. Das Suppengrün putzen, waschen bzw. schälen und in grobe Stücke schneiden. Die Tomate waschen.

4 Das Gemüse und die Brotrinde um das Fleisch herum verteilen, ein Drittel des Biers dazugießen und die Temperatur auf 180 °C reduzieren. Das Fleisch etwa 45 Minuten braten, dann wenden und weitere 30 Minuten braten. Zwischendurch das restliche Bier dazugießen und den Braten immer wieder mit der Flüssigkeit begießen.

5 Das Fleisch aus der Sauce nehmen und auf den Grillrost legen. Mit der Fettpfanne darunter wieder in den Ofen schieben und 15 Minuten braten, bis die Oberseite des Bratens braun und knusprig ist.

6 Die Sauce durch ein feines Sieb gießen, entfetten und wieder in den Bräter geben. Die Sauce im Bräter auf der Herdplatte aufkochen.

7 Den Schweinebraten in Scheiben schneiden, auf vorgewärmten Tellern anrichten und mit der Sauce überziehen. Dazu Reiberknödel (siehe Seite 74) und Krautsalat mit Speck (siehe Seite 61) oder einen grünen Salat servieren.

# Krautwickerl
## *mit Hackfleischfüllung*

*Zutaten für 4 Personen*

*1 mittelgroßer Kopf Weißkraut*

*Salz*

*2 Semmeln vom Vortag*

*3 Zwiebeln*

*1/4 Bund Petersilie*

*250 g gemischtes Hackfleisch*

*2 Eier*

*Pfeffer aus der Mühle*

*100 g durchwachsener Räucherspeck*

*1 große Möhre*

*80 g Knollensellerie*

*1 Knoblauchzehe*

*2 EL Butterschmalz*

*je 1/2 TL gemahlener Kümmel und getrockneter Majoran*

*frisch geriebene Muskatnuss*

*500 ml braune Kraftsauce (siehe Rezept Seite 121)*

1 Das Weißkraut putzen und den Strunk glatt abschneiden. In einem großen Topf reichlich Salzwasser zum Kochen bringen, das Kraut hineinlegen und zugedeckt etwa 20 Minuten kochen.

2 Das Kraut abgießen, kalt abschrecken und gut abtropfen lassen. Einige (4 bis 8 Stück) große Krautblätter einzeln ablösen und die dicken Blattrippen mit dem Messer flach schneiden. Etwa 100 g des restlichen Krauts in feine Streifen schneiden.

3 Die Semmeln in Wasser einweichen. 1 Zwiebel schälen und in kleine Würfel schneiden. Die Petersilie waschen, trockenschütteln, die Blätter von den Stielen zupfen und fein hacken.

4 Die Semmeln ausdrücken und mit dem Hackfleisch, den Krautstreifen, der Zwiebel, den Eiern und der Petersilie in einer Schüssel vermischen. Die Füllung mit Salz und Pfeffer würzen. Den Speck in Scheiben schneiden und beiseite stellen.

5 Möhre, Sellerie, restliche Zwiebeln und den Knoblauch schälen und in kleine Würfel schneiden.

6 Die Hackfleischmasse auf die Krautblätter verteilen, die Ränder einschlagen, die Blätter aufrollen und mit Holzspießen feststecken. Den Backofen auf 200 °C vorheizen.

7 Das Butterschmalz in einem Bräter erhitzen und die Krautwickerl darin rundherum anbraten. Das zerkleinerte Gemüse dazugeben und mit Kümmel, Majoran und 1 Prise Muskatnuss würzen und kurz mitbraten. Die braune Kraftsauce dazugießen, die Krautwickerl mit den Speckscheiben belegen und etwa 30 Minuten im Ofen zugedeckt schmoren.

8 Die Krautwickerl herausnehmen und die Sauce nach Belieben mit in kaltem Wasser angerührter Speisestärke binden und mit Salz und Pfeffer abschmecken. Die Krautwickerl mit der Sauce auf vorgewärmten Tellern anrichten. Dazu Kartoffelpüree oder Salzkartoffeln reichen.

# Wiener Schnitzel

## *mit Zitrone*

*Zutaten für 4 Personen*

*8 dünne Kalbsschnitzel (à 90 g; aus Oberschale oder Rücken)*

*Salz*

*Pfeffer aus der Mühle*

*4 EL Mehl*

*2 Eier*

*2 EL Milch*

*6 EL Semmelbrösel*

*6 EL Butterschmalz*

*1 unbehandelte Zitrone*

1 Die Schnitzel waschen und mit Küchenpapier trockentupfen. Die Schnitzel zwischen zwei Lagen Frischhaltefolie legen und vorsichtig flach klopfen, dann mit Salz und Pfeffer würzen.

2 Das Mehl in einen tiefen Teller geben. Die Eier ebenfalls in einen tiefen Teller aufschlagen, die Milch hinzufügen und mit einer Gabel gut verquirlen. Die Semmelbrösel in einen dritten Teller geben.

3 Die Schnitzel nacheinander im Mehl wenden, durch die verquirlten Eier ziehen und zum Schluss in den Semmelbröseln wenden, dabei die Panade etwas andrücken.

4 Das Butterschmalz in einer großen Pfanne erhitzen, die panierten Schnitzel hineingeben und bei mittlerer Hitze auf beiden Seiten 6 bis 8 Minuten goldbraun braten.

5 Die Zitrone waschen, trockenreiben und vierteln. Die Wiener Schnitzel mit den Zitronenvierteln auf Tellern anrichten und mit Kartoffelsalat oder Petersilienkartoffeln und Salaten der Saison servieren.

# Geschmorte Rinderroulade
## *mit Speckfüllung*

*Zutaten für 4 Personen*

*4 Zwiebeln*
*2 EL Butter*
*8 dünne Scheiben durchwachsener Räucherspeck*
*4 Essiggurken*
*4 große dünne Scheiben Rindfleisch (à 200 g; aus der Oberschale)*
*Salz*
*Pfeffer aus der Mühle*
*2 EL mittelscharfer Senf*
*4 EL Mehl*
*1 Möhre*
*60 g Knollensellerie*
*1 kleine Lauchstange*
*4 EL Butterschmalz*
*1 EL Tomatenmark*
*125 ml trockener Rotwein*
*400 ml braune Kraftsauce (siehe Seite 121)*
*1 Lorbeerblatt, getrockneter Thymian, Pimentpulver*

1 Die Zwiebeln schälen, halbieren und in Streifen schneiden. Die Butter in einer Pfanne zerlassen und die Hälfte der Zwiebeln und die Speckscheiben darin andünsten. Die Pfanne beiseite stellen. Die Essiggurken der Länge nach in Scheiben schneiden.

2 Das Rouladenfleisch waschen und mit Küchenpapier trockentupfen. Die Scheiben jeweils zwischen zwei Lagen Frischhaltefolie legen und leicht klopfen.

3 Die Rouladen mit Salz und Pfeffer würzen und mit Senf bestreichen. Mit den gedünsteten Zwiebeln, dem Speck und den Essiggurken belegen. Die Seiten einschlagen, die Rouladen aufrollen und mit Rouladennadeln oder Holzspießen feststecken. 2 EL Mehl in einen tiefen Teller geben und die Rinderrouladen darin wälzen.

4 Die Möhre und den Sellerie schälen, den Lauch putzen und waschen. Das Gemüse in Stücke schneiden.

5 Das Butterschmalz in einem Schmortopf erhitzen und die Rouladen darin rundherum scharf anbraten. Das Gemüse dazugeben und kurz mitbraten. Das Tomatenmark unterrühren und kurz mit anbraten. Das restliche Mehl darüberstäuben.

6 Den Rotwein und die Kraftsauce dazugießen und das Lorbeerblatt hinzufügen. Mit 1 TL Thymian und 1 Prise Piment würzen und die Rinderrouladen zugedeckt bei schwacher Hitze 1 bis 1 1/2 Stunden schmoren. Nach der Hälfte der Garzeit die Rouladen wenden.

7 Die gegarten Rouladen aus der Sauce nehmen und warm halten. Die Sauce durch ein feines Sieb gießen und mit Salz und Pfeffer abschmecken. Die Rouladen mit der Sauce anrichten und mit Kartoffelpüree und Gemüse oder Salaten der Saison servieren.

HB

# Sauerbraten
## *mit Mandelblättchen*

*Zutaten für 4 Personen*

*1 Zwiebel, 2 Gewürznelken*

*1 Möhre, 1 Petersilienwurzel*

*1 kleine Lauchstange*

*800 g Rindfleisch (vom Schwanzstück, oberer Teil der Rinderkeule)*

*200 ml Rotweinessig*

*1 Lorbeerblatt*

*1/2 TL schwarze Pfefferkörner*

*3 Pimentkörner*

*1 TL getrockneter Thymian*

*1/2 Bund Suppengrün*

*Salz*

*Pfeffer aus der Mühle*

*4 EL Butterschmalz*

*2 EL Tomatenmark*

*2 EL Mehl*

*150 ml Rotwein*

*300 ml braune Kraftsauce (siehe Seite 121)*

*3 EL Mandelblättchen*

1 Die Zwiebel schälen und mit den Gewürznelken spicken. Die Möhre und die Petersilienwurzel schälen und halbieren, den Lauch putzen, waschen und ebenfalls halbieren. Das Fleisch waschen und mit Küchenpapier trockentupfen.

2 Den Essig mit 400 ml Wasser in einer Schüssel vermischen, das Gemüse und die Gewürze dazugeben und das Rindfleisch hineinlegen, sodass es vollkommen mit Flüssigkeit bedeckt ist. Das Rindfleisch zugedeckt kalt stellen und mindestens 3 Tage marinieren, dabei immer wieder wenden.

3 Den Backofen auf 170 °C vorheizen. Das Suppengrün putzen, waschen bzw. schälen und in Würfel schneiden. Das Rindfleisch aus der Beize nehmen, mit Küchenpapier trockentupfen und rundherum mit Salz und Pfeffer würzen. Die Beize durch ein feines Sieb abgießen.

4 Das Butterschmalz in einem Bräter erhitzen und das Fleisch darin von allen Seiten scharf anbraten. Das Gemüse und das Tomatenmark dazugeben und kurz mitbraten. Das Gemüse mit dem Mehl bestäuben, unterrühren, kurz mitbraten, anschließend 200 ml Beize, den Rotwein und die Kraftsauce dazugießen. Den Sauerbraten zugedeckt im Backofen 1 1/2 Stunden auf der mittleren Schiene schmoren lassen, dabei einmal wenden.

5 Den Sauerbraten aus der Sauce nehmen und zugedeckt etwa 10 Minuten ruhen lassen. Die Sauce durch ein feines Sieb gießen und mit Salz und Pfeffer würzen.

6 Den Sauerbraten in Scheiben schneiden, auf vorgewärmten Tellern anrichten, mit der Sauce überziehen und mit den Mandelblättchen bestreuen. Dazu Apfelblaukraut und hausgemachte Spätzle servieren.

# Saures Kalbslüngerl

## *in brauner Sahnesauce*

*Zutaten für 4 Personen*

*Für das Lüngerl:*

*800 g Kalbslunge*
*1 Bund Suppengrün*
*1 Zwiebel*
*Salz*
*2 Zitronenscheiben*
*4 Lorbeerblätter*
*1 TL Pfefferkörner*
*1/2 TL Korianderkörner*
*3 Gewürznelken*
*100 ml Rotweinessig*
*100 ml trockener Rotwein*

*Für die braune Sauce:*

*1 Zwiebel*
*4 EL Butter*
*3 EL Mehl*
*2 EL Zitronensaft*
*1/2 Bund Petersilie*
*125 g Sahne*
*Salz, Pfeffer aus der Mühle*

1 Für das Lüngerl am Vortag die Kalbslunge waschen und abtropfen lassen. Das Suppengrün putzen und waschen bzw. schälen und in Stücke schneiden. Die Zwiebel schälen und vierteln.

2 In einem großen Suppentopf 2 l Salzwasser zum Kochen bringen, die Lunge mit dem Gemüse, den Zitronenscheiben und den Gewürzen dazugeben, aufkochen und zugedeckt etwa 45 Minuten leicht kochen lassen.

3 Die Lunge aus dem Sud nehmen, mit einem Schneidbrett bedecken, beschweren und auskühlen lassen.

4 Die kalte Lunge in feine Streifen schneiden. Den Kochsud durch ein feines Sieb abgießen und den Essig und den Wein untermischen. Die Lungenstreifen in einer Schüssel mit der Marinade übergießen und zugedeckt mindestens 8 Stunden kalt stellen und ziehen lassen.

5 Für die Sauce die marinierte Zunge in ein Sieb abgießen, dabei die Marinade auffangen. Die Zwiebel schälen und in kleine Würfel schneiden. Die Butter zerlassen und die Zwiebel darin glasig dünsten. Das Mehl dazugeben und unter Rühren hellbraun anschwitzen. 750 ml der Marinade dazugießen und unter Rühren aufkochen.

6 Die Lungenstreifen und den Zitronensaft zur Sauce geben, aufkochen und 10 Minuten leicht kochen lassen.

7 Die Petersilie waschen, trockenschütteln, die Blätter von den Stielen zupfen und fein hacken. Die Sahne unter die Sauce rühren und mit Salz und Pfeffer abschmecken. Das saure Lüngerl mit Semmelknödeln in tiefen Tellern anrichten und mit der Petersilie bestreut servieren.

# Kalbsbrust

## *mit pikanter Semmelfüllung*

*Zutaten für 4 Personen*

*2 Semmeln vom Vortag*
*100 ml lauwarme Milch*
*je 2 Zwiebeln und Möhren*
*50 g durchwachsener Räucherspeck*
*1/2 Bund Petersilie*
*1 EL Butter*
*1,2 kg Kalbsbrust (mit eingeschnittener Tasche)*
*Salz*
*Pfeffer aus der Mühle*
*Paprikapulver*
*2 Eier*
*1 EL Semmelbrösel*
*frisch geriebene Muskatnuss*
*2 EL Butterschmalz*
*100 ml trockener Weißwein*
*300 ml klare Rinderbrühe (siehe Seite 52)*
*1 TL Speisestärke*

1 Die Semmeln für die Füllung klein schneiden, in eine kleine Schüssel geben, mit der lauwarmen Milch übergießen und ziehen lassen.

2 Die Zwiebeln schälen. 1 Zwiebel in feine Würfel schneiden, die andere halbieren. Die Möhren schälen. 1 Möhre in feine Würfel schneiden, die andere längs halbieren. Den Speck in kleine Würfel schneiden. Die Petersilie waschen, trockenschütteln, die Blätter von den Stielen zupfen und fein hacken.

3 Die Butter in einer Pfanne zerlassen und den Speck, die Zwiebel- und die Möhrenwürfel darin anbraten. Die Semmeln ausdrücken, mit der Petersilie dazugeben und kurz mitdünsten, beiseite stellen und abkühlen lassen.

4 Die Kalbsbrust waschen und trockentupfen. Die Kalbsbrust innen und außen mit Salz, Pfeffer und 1 Prise Paprikapulver würzen. Den Backofen auf 175 °C vorheizen.

5 Die Eier und die Semmelbrösel unter die Füllung rühren und mit Salz, Pfeffer und 1 Prise Muskatnuss würzen und gut vermischen. Die Masse in die Kalbsbrust füllen und die Tasche mit Küchengarn zunähen.

6 Das Butterschmalz in einem Bräter erhitzen und die Kalbsbrust rundherum scharf anbraten. Die halbierte Zwiebel und die Möhre dazugeben, den Weißwein und die Brühe dazugießen. Die Kalbsbrust zugedeckt im Backofen 1 1/2 Stunden garen, dabei immer wieder mit dem Bratenfond begießen, damit sie nicht austrocknet.

7 Den Braten herausnehmen und 15 Minuten zugedeckt ruhen lassen. Den Bratenfond durch ein feines Sieb gießen und nach Belieben mit in kaltem Wasser verrührter Speisestärke leicht binden. Die Kalbsbrust in 2 cm dicke Scheiben schneiden und mit Kartoffelsalat, Petersilienkartoffeln oder Salaten der Saison anrichten.

# Pichelsteiner Eintopf

## *mit Rindermark*

*Zutaten für 4 Personen*

*je 200 g Ragoutfleisch von Rind, Kalb und Schwein (z. B. aus der Schulter)*

*60 g Rindermark*

*2 Zwiebeln*

*500 g Wirsing*

*100 g Knollensellerie*

*300 g Möhren*

*500 g festkochende Kartoffeln*

*2 EL Öl*

*Salz*

*Pfeffer aus der Mühle*

*600 ml klare Rinderbrühe (siehe Seite 52)*

*1 Bund Petersilie*

1 Das Fleisch waschen, mit Küchenpapier trockentupfen und in etwa 2 1/2 cm große Würfel schneiden. Das Rindermark in einer kleinen Schüssel wässern.

2 Die Zwiebeln schälen und in Scheiben schneiden, den Wirsing putzen, waschen, vierteln und in Streifen schneiden. Den Sellerie schälen und in kleine Würfel schneiden.

3 Die Möhren und die Kartoffeln schälen und in nicht zu große Scheiben schneiden. Das Rindermark ebenfalls in Scheiben schneiden.

4 Das Öl in einem großen Suppentopf erhitzen und die Fleischwürfel mit den Zwiebeln darin unter Rühren anbraten und mit Salz und Pfeffer würzen. Die Rinderbrühe in einem zweiten Topf aufkochen.

5 Die Fleischwürfel und die Zwiebeln aus dem Topf nehmen und den Topfboden mit der Hälfte der Rindermarkscheiben belegen. Schichtweise das vorgegarte Fleisch und die Zwiebeln, das Gemüse und die Kartoffeln in den Topf geben und mit der heißen Brühe aufgießen. Die restlichen Rindermarkscheiben darauflegen und den Pichelsteiner Eintopf bei schwacher Hitze etwa 1 Stunde kochen, ohne dabei umzurühren. Gelegentlich kontrollieren, ob noch genügend Flüssigkeit im Topf ist, und bei Bedarf noch etwas Brühe dazugießen.

6 Die Petersilie waschen, trockenschütteln, die Blätter von den Stielen zupfen und fein hacken. Den Eintopf mit Salz und Pfeffer abschmecken und mit der Petersilie oder nach Belieben einigen Majoranblättern bestreut servieren. Dazu passt herzhaftes Bauernbrot.

# Böfflamott

## *»Bœuf à la mode« auf Bayerisch*

*Zutaten für 4 Personen*

*1 Zwiebel*

*1 Bund Suppengrün*

*750 g Ochsenfleisch (z. B. aus der Oberschale)*

*125 ml Rotweinessig*

*125 ml Rotwein*

*3 Pfefferkörner*

*1 Thymianzweig*

*1 Lorbeerblatt*

*1 große Möhre*

*100 g Knollensellerie*

*1 kleine Lauchstange*

*1/2 Kalbsfuß (vom Metzger klein gehackt)*

*Salz*

*Pfeffer aus der Mühle*

*3 EL Butterschmalz*

1 Die Zwiebel schälen. Das Suppengrün putzen, waschen bzw. schälen und in kleine Würfel schneiden. Das Ochsenfleisch waschen, mit Küchenpapier trockentupfen und mit dem Gemüse in eine Schüssel geben.

2 Den Essig mit dem Rotwein und 750 ml Wasser aufkochen. Die Pfefferkörner zerstoßen, den Thymianzweig waschen und trockenschütteln. Das Lorbeerblatt und die Gewürze in den kochenden Sud geben. Den Sud abkühlen lassen, über das Fleisch und das Gemüse gießen und zugedeckt 3 bis 4 Tage kalt stellen.

3 Die Möhre und den Sellerie schälen, den Lauch putzen und waschen. Das Gemüse in kleine Würfel schneiden. Die Kalbsfußstücke waschen und trockentupfen.

4 Das Ochsenfleisch aus der Beize nehmen, trockentupfen und mit Salz und Pfeffer würzen. Das Butterschmalz in einem Schmortopf erhitzen und das Fleisch darin rundherum scharf anbraten. Die Beize durch ein feines Sieb gießen.

5 Das Gemüse und die Kalbsfußstücke zum Fleisch geben und mit anbraten. Die Hälfte der Beize dazugießen und das Böfflamott zugedeckt bei schwacher Hitze 2 bis 3 Stunden schmoren, dabei immer wieder mit der restlichen Beize begießen.

6 Das Fleisch herausnehmen und in Alufolie gewickelt ruhen lassen. Das Lorbeerblatt und die Knochen entfernen. Den Bratenfond und das Gemüse mit dem Stabmixer pürieren. Durch ein Sieb streichen und die Sauce bei starker Hitze einkochen lassen. Das Fleisch in Scheiben schneiden und in der Sauce mit Reiber- oder Semmelknödeln (siehe Seite 74 und 68) servieren.

# Tellerfleisch
## *mit frischem Kren*

*Zutaten für 4 Personen*

*750 g Tafelspitz*
*1 Bund Suppengrün*
*1 Knoblauchzehe*
*Salz*
*Pfeffer aus der Mühle*
*1 mittelgroße Möhre*
*100 g Knollensellerie*
*100 g Lauch*
*1 Bund Schnittlauch*
*1 Stück Meerrettichwurzel*

1 Den Tafelspitz waschen und mit Küchenpapier trockentupfen. Das Suppengrün putzen, waschen bzw. schälen und in Stücke schneiden. Die Knoblauchzehe schälen.

2 In einem Suppentopf 1 1/2 l Wasser mit 1 1/2 TL Salz und etwas Pfeffer aufkochen, den Tafelspitz in das kochende Wasser geben und etwa 30 Minuten leicht kochen lassen, dabei den entstehenden Schaum mit dem Schaumlöffel abschöpfen.

3 Das Suppengrün und die Knoblauchzehe zum Tafelspitz geben und zugedeckt etwa 1 Stunde leicht kochen lassen.

4 Die Möhre und den Sellerie schälen, den Lauch putzen und waschen. Das Gemüse in feine Streifen schneiden.

5 Das Fleisch aus der Brühe nehmen und zugedeckt ruhen lassen. Die Brühe durch ein feines Sieb in einen Topf abgießen, das Gemüse dazugeben und kurz in der Brühe weich kochen.

6 Den Schnittlauch waschen, trockenschütteln und in feine Röllchen schneiden. Den Meerrettich schälen und auf der Gemüsereibe raspeln.

7 Das Fleisch in Scheiben schneiden, auf vorgewärmte tiefe Teller geben und etwas Brühe dazugießen. Das Gemüse zum Fleisch geben und alles mit dem Schnittlauch bestreuen. Den frisch geriebenen Meerrettich und Salzkartoffeln dazureichen.

# Hofbräu-Bierkutschergulasch

## *mit Weißkrautfleckerl*

*Zutaten für 4 Personen*

*700 g Schweinefleisch (aus der Schulter)*

*1 Knoblauchzehe*

*1/2 TL ganzer Kümmel*

*1/2 TL getrockneter Majoran*

*500 ml Hofbräu Original*

*2 große Zwiebeln*

*4 EL Butterschmalz*

*4 EL Tomatenmark*

*300 ml braune Kraftsauce (siehe Seite 121)*

*200 g Weißkraut*

*2 EL Speisestärke*

*Salz*

*Pfeffer aus der Mühle*

*Zucker*

*1 EL Zitronensaft*

1 Am Vortag das Fleisch waschen und mit Küchenpapier trockentupfen. Das Fleisch in Würfel schneiden und in eine Schüssel geben. Die Knoblauchzehe schälen und halbieren. Den Knoblauch mit den Gewürzen zum Fleisch geben. Das Bier darübergießen und das Fleisch zugedeckt über Nacht im Kühlschrank ziehen lassen.

2 Das Fleisch in ein Sieb abgießen, die Marinade dabei auffangen. Die Zwiebeln schälen und in feine Streifen schneiden.

3 Das Butterschmalz in einem Topf erhitzen und die Fleischwürfel darin unter Rühren scharf anbraten. Die Zwiebelstreifen dazugeben und unter Rühren kurz mitbraten. Das Tomatenmark unterrühren und ebenfalls kurz mitbraten.

4 Die Marinade und die Kraftsauce zum Fleisch und zu den Zwiebeln gießen. Das Fleisch zugedeckt etwa 1 Stunde schmoren lassen.

5 Das Weißraut putzen, waschen und in kleine Rauten schneiden. Die Weißkrautfleckerl etwa 20 Minuten vor Garzeitende unter das Gulasch mischen.

6 Die Speisestärke in etwas kaltem Wasser anrühren und das Gulasch damit binden.

7 Das Bierkutschergulasch mit Salz, Pfeffer, 1 Prise Zucker und dem Zitronensaft abschmecken und mit Semmelknödeln servieren. Dazu passt ein grüner Salat.

# Geschmorte Lammhaxe

## *mit Paprikasauce*

*Zutaten für 4 Personen*

*4 Lammhaxen (à 300 g)*
*Salz*
*Pfeffer aus der Mühle*
*4 Knoblauchzehen*
*2 Möhren*
*1 kleiner Knollensellerie*
*je 1 rote und grüne Paprikaschote*
*100 g Butterschmalz*
*500 ml trockener Rotwein*
*250 ml Lamm- oder Kalbsfond (aus dem Glas)*
*1 EL Speisestärke*

1 Die Lammhaxen waschen, mit Küchenpapier trockentupfen und rundherum mit Salz und Pfeffer würzen. Die Knoblauchzehen schälen und in kleine Würfel schneiden.

2 Die Möhren und den Sellerie schälen und in kleine Würfel schneiden. Die Paprikaschoten längs halbieren, entkernen, waschen und das Fruchtfleisch ebenfalls in kleine Würfel schneiden.

3 In einem Topf etwa 50 g Butterschmalz erhitzen und das Gemüse unter ständigem Rühren darin andünsten. Den Backofen auf 220 °C vorheizen.

4 Das restliche Butterschmalz in einem Bräter erhitzen, die Lammhaxen darin von allen Seiten anbraten. Den Knoblauch kurz mitbraten. Den Rotwein und den Fond dazugießen, das angedünstete Gemüse dazugeben und die Lammhaxen zugedeckt im Ofen etwa 1 Stunde schmoren.

5 Das Fleisch herausnehmen und zugedeckt warm halten. Die Sauce nach Belieben mit der in kaltem Wasser angerührten Speisestärke binden und mit Salz und Pfeffer abschmecken.

6 Die Lammhaxen mit der Paprikasauce auf vorgewärmten Tellern anrichten und nach Belieben Butterbohnen und Kartoffeln dazu servieren.

# Hausgemachte braune Kraftsauce

## *(Demiglace)*

*Zutaten für 1 Liter*

*1,2 kg Kalbs- oder Schweineknochen (vom Metzger klein gehackt)*

*100 g fetter Speck*

*je 1 Zwiebel, Knoblauchzehe, Möhre, Petersilienwurzel*

*80 g Knollensellerie*

*1 kleine Lauchstange*

*3 EL Butterschmalz*

*je 2 EL Tomatenmark und Mehl*

*Paprikapulver*

*200 ml trockener Rotwein*

*2 l Rinderbrühe (siehe Seite 52)*

*1 Lorbeerblatt, getrockneter Thymian, Pimentpulver, Salz, Pfeffer aus der Mühle*

1 Die Knochen gründlich waschen und gut abtropfen lassen. Den Speck in kleine Würfel schneiden. Die Zwiebel, die Knoblauchzehe, die Möhre, die Petersilienwurzel und den Sellerie schälen, den Lauch putzen und waschen. Das Gemüse in kleine Würfel schneiden.

2 In einem großen Topf das Butterschmalz erhitzen und die gehackten Knochen und die Speckwürfel darin scharf anrösten. Die Gemüsewürfel dazugeben und unter Rühren mit anrösten.

3 Das Tomatenmark untermischen und unter Rühren bräunlich werden lassen. Das Mehl darüberstäuben, 1 Prise Paprikapulver dazugeben und den Rotwein dazugießen.

4 Dann die Brühe dazugießen, das Lorbeerblatt, je 1/2 TL Thymian und Piment sowie Salz und Pfeffer hinzufügen und alles bei schwacher Hitze 3 bis 4 Stunden leicht kochen lassen, dabei immer wieder umrühren.

5 Ein feines Sieb mit einem Passiertuch oder einem sauberen Küchentuch auslegen und die braune Kraftsauce durch das Sieb abgießen. Die Sauce nochmals mit Salz und Pfeffer abschmecken, abkühlen lassen und entfetten.

## Küchentipp

*Die braune Kraftsauce kann man je nach Bedarf portionieren und einfrieren. Sie dient als Basis für dunkle Saucen, zum Aufgießen von dunklen Braten und kurz gebratenem Fleisch.*

# Nachspeisen

*Wenn's um Süßes geht, vertragen sich die Bayern besonders gut mit ihren österreichischen Nachbarn. Ob Dampfnudeln, Apfelstrudel oder Kaiserschmarren, hier wie dort gehören diese Genüsse zu den beliebtesten Desserts.*

# Kaiserschmarren

## *mit Apfelmus*

*Zutaten für 4 Personen*

*Für den Schmarren:*

*80 g Sultaninen*
*2 EL Rum*
*6 Eier*
*250 g Mehl*
*500 ml Milch*
*2 EL Vanillezucker*
*2 EL Zucker*
*Salz*
*2 EL Öl, 5 EL Butter*
*50 g Puderzucker*

*Für das Apfelmus:*

*5 Äpfel*
*abgeriebene unbehandelte Schale von 1/2 Zitrone*
*Saft von 1 Zitrone*
*1 Zimtstange*
*80 g Zucker*

1 Für den Schmarren die Sultaninen in einer kleinen Schüssel zugedeckt über Nacht in Rum einlegen.

2 Für das Apfelmus die Äpfel waschen, ungeschält vierteln oder achteln und mit Zitronenschale und -saft, Zimtstange und so viel Wasser, dass die Äpfel gerade bedeckt sind, weich kochen.

3 Die gekochten Äpfel durch ein Sieb streichen und noch heiß etwa die Hälfte des Zuckers unterrühren. Das Apfelmus auskühlen lassen, den restlichen Zucker nach Belieben unterrühren.

4 Für den Schmarren die Eier aufschlagen und trennen, dabei das Eiweiß in einen hohen Rührbecher geben. Das Mehl, die Eigelbe, die Milch und den Vanillezucker in einer Schüssel verrühren. Die Eiweiße mit dem Zucker und 1 Prise Salz steif schlagen. Den Eischnee unter die Eigelbmasse heben. Den Backofengrill einschalten.

5 Zwei ofenfeste Pfannen mit Öl einstreichen und den Teig jeweils etwa 2 cm hoch in die Pfannen gießen. Die Rumsultaninen auf den Teig streuen und die Unterseite hellbraun backen.

6 Die Pfannen in den Ofen stellen und den Schmarren etwa 3 Minuten unter dem Grill goldbraun backen. Den Schmarren aus dem Ofen nehmen und mit einer Gabel in mundgerechte Stücke teilen.

7 Die Butter und die Hälfte des Puderzuckers hinzufügen und den Schmarren auf dem Herd unter Rühren karamellisieren.

8 Den Kaiserschmarren auf Dessertteller verteilen, mit dem restlichen Puderzucker bestäuben und mit Apfelmus servieren.

# Hofbräu-Biereis
## *mit Limetten*

*Zutaten für 4 Personen*

*375 g Sahne*
*175 ml Milch*
*Salz*
*6 Eigelb*
*90 g Zucker*
*150 ml Hofbräu Original*
*1 TL Limettensaft*
*1 Msp. unbehandelte abgeriebene Limettenschale*

1 Die Sahne mit der Milch und 1 Prise Salz in einem Topf verrühren und bei mittlerer Hitze aufkochen lassen.

2 Die Eigelbe in eine Schüssel geben, den Zucker hinzufügen und alles mit dem Handrührgerät schaumig rühren.

3 Für das Wasserbad etwa eine Handbreit Wasser in einem weiten Topf erhitzen. Eine passende Schüssel so in den Topf hängen, dass der Boden die Wasseroberfläche nicht berührt.

4 Die Eiermischung in die Schüssel im Wasserbad geben, die heiße Sahnemilch unterrühren und die Masse unter ständigem Rühren auf etwa 75 °C erhitzen, bis eine leichte Bindung entsteht.

5 Die Masse im kalten Wasserbad kalt schlagen. Das Bier, den Limettensaft und die Limettenschale unterrühren, 5 Minuten ziehen lassen und durch ein Sieb gießen. Einen Behälter in das Tiefkühlfach stellen und kalt werden lassen.

6 Die Masse in der Eismaschine cremig frieren lassen. Den vorgefrorenen Behälter aus dem Tiefkühlfach nehmen und die Eismasse hineinfüllen. Mit Backpapier zudecken und das Biereis etwa 2 Stunden im Tiefkühlfach gefrieren lassen.

## Küchentipp

*Wer keine Eismaschine hat, stellt die kalt geschlagene Eismasse gleich ins Tiefkühlfach und lässt sie 1 Stunde anfrieren. Währenddessen das Eis immer wieder herausnehmen und durchrühren, damit es schön cremig wird. Zum Schluss fortfahren, wie unter Punkt 6 beschrieben. Dieses Eis, das alljährlich im Sommer auf der Hofbräu-Dult serviert wird, hat der bayerische Meisterkoch Alfons Schuhbeck extra für diesen Anlass kreiert.*

# Dampfnudeln

## *mit Vanillesauce*

*Zutaten für 4 Personen*

*500 g Mehl*

*2 EL Zucker*

*1 Päckchen Trockenhefe*

*500 ml Milch*

*100 g Butter*

*1–2 Eier*

*abgeriebene unbehandelte Schale von 1/2 Zitrone*

*Salz*

*etwas Mehl zum Formen*

1 Das Mehl mit 1 TL Zucker und der Hefe in einer Schüssel vermischen. Die Hälfte der Milch in einem Topf leicht erwärmen, etwa 4 EL Butter darin schmelzen lassen. Die Eier, die Zitronenschale und 1 Prise Salz mit der Milch verrühren und zum Mehl geben.

2 Alles mit dem Handrührgerät 5 Minuten gut durchrühren, bis der Teig Blasen wirft. Den Teig zugedeckt bei Zimmertemperatur etwa 1 Stunde gehen lassen, bis er sich verdoppelt hat.

3 Mit bemehlten Händen aus dem Teig acht Kugeln formen und zugedeckt weitere 30 Minuten gehen lassen.

4 In einen gut schließenden, großen und flachen Topf die restliche Butter, den restlichen Zucker sowie 1 Prise Salz hineingeben und erhitzen, bis die Butter zerlaufen ist. Die restliche Milch dazugießen und die Teigkugeln so nahe nebeneinander in die Milch setzen, dass sie sich berühren.

5 Den Topf schließen und die Milch bei mittlerer Hitze langsam zum Sieden bringen. Die Temperatur zurückschalten und die Dampfnudeln bei schwacher Hitze etwa 30 Minuten zugedeckt garen. Den Deckel nicht zu früh abnehmen, da die Nudeln sonst zusammenfallen.

6 Die Nudeln im geschlossenen Topf noch einige Minuten stehen lassen, dann den Deckel vorsichtig abnehmen, damit kein Kondenswasser auf die Nudeln tropft.

7 Die Dampfnudeln mit dem Pfannenwender vorsichtig lösen und auf Desserttellern anrichten. Dazu Vanillesauce (siehe Seite 133) reichen und nach Belieben mit etwas Zucker und Zimt bestreuen.

# Apfelkücherl
## *im Bierteig*

*Zutaten für 4 Personen*

*200 g Mehl*

*Salz*

*250 ml Bier (ersatzweise Weißwein oder Mineralwasser)*

*1 EL Öl*

*40 g Zucker*

*3 Eier*

*4–5 Äpfel*

*80 g Puderzucker*

*1 TL Zimtpulver*

*Saft von 1 Zitrone*

*2 EL Rum*

*500 ml Öl oder Frittierfett zum Backen*

1 Für den Teig das Mehl in eine Schüssel sieben und mit 1 Prise Salz mischen. Das Bier, das Öl und den Zucker dazugeben. Die Eier trennen, die Eiweiße in einen Rührbecher geben und beiseite stellen. Die Eigelbe zur Mehlmischung geben und alles rasch zu einem dickflüssigen Teig verrühren. Den Teig etwa 20 Minuten kalt stellen.

2 Die Eiweiße mit dem Handrührgerät steif schlagen und den Eischnee unter den Teig heben.

3 Die Äpfel im Ganzen schälen, mit dem Apfelausstecher entkernen und quer in 1 cm dicke Ringe schneiden.

4 Den Puderzucker mit dem Zimt vermischen. Die Apfelringe in einer Schüssel mit Zitronensaft und Rum beträufeln und die Hälfte des Zimtzuckers darüberstreuen. Die Apfelringe kurz ziehen lassen.

5 In einer hohen Pfanne etwa 2 cm Öl (oder Frittierfett) erhitzen. Die Apfelringe nacheinander durch den Teig ziehen und schwimmend im heißen Fett goldbraun backen. Einmal wenden, mit dem Schaumlöffel herausheben und auf Küchenpapier abtropfen lassen.

6 Die Apfelkücherl noch heiß mit dem restlichen Zimtzucker bestreuen und möglichst sofort servieren.

# Zwetschgendatschi

## *mit Streusel*

*Zutaten für 1 Blech*

*Für den Teig:*
*500 g Mehl*
*1/2 Würfel Hefe (21 g)*
*50 g Zucker*
*250 ml Milch*
*60 g weiche Butter*
*2 Eier, Salz*

*Für den Belag:*
*1,25 kg Zwetschgen*
*350 g Mehl*
*150 g Zucker*
*1 TL Zimtpulver*
*Salz*
*200 g Butter*

1 Für den Teig das Mehl in eine Schüssel sieben und eine Mulde hineindrücken. Die Hefe in einer Tasse zerbröckeln und mit 1 TL Zucker und etwas lauwarmer Milch verrühren. Etwas Mehl darunterrühren, den Vorteig in die Mehlmulde gießen und etwa 15 Minuten gehen lassen.

2 Die restliche Milch, Zucker, Butter, Eier und 1 Prise Salz zum Vorteig geben, vermengen und alles zu einem glatten Teig verkneten, bis er sich vom Schüsselrand löst. Den Teig mit einem Küchentuch zugedeckt an einem warmen Ort etwa 1 Stunde gehen lassen.

3 Für den Belag die Zwetschgen waschen, trockentupfen, halbieren, entsteinen und gleichmäßig längs einschneiden. Den Backofen auf 180 °C vorheizen.

4 Ein Backblech mit Backpapier auslegen. Den Teig noch einmal durchkneten, ein wenig ausrollen, auf das Backblech setzen und in der ganzen Größe des Blechs ausrollen, dabei einen kleinen Rand formen. Die Zwetschgen schuppenförmig auf dem Teig verteilen.

5 Das Mehl in eine Schüssel sieben und mit Zucker, Zimt sowie 1 Prise Salz vermischen. Die Butter zerlassen und unter ständigem Rühren hinzufügen. Die Masse mit den Fingerspitzen zu Streuseln zerreiben. Die Streusel gleichmäßig auf die Zwetschgen streuen.

6 Den Zwetschgendatschi im Ofen auf der mittleren Schiene etwa 40 Minuten hellbraun backen. Herausnehmen, kurz abkühlen lassen und den Datschi in Rechtecke schneiden. Nach Belieben mit frischer Schlagsahne servieren.

# Bayerisch Creme

## *mit Himbeergeist*

*Zutaten für 4 Personen*

*200 g Sahne*

*20 g Gelatinepulver*

*200 ml Milch*

*Mark von 1/2 Vanilleschote*

*3 Eigelb*

*50 g Zucker*

*Salz*

*50 ml Himbeergeist (ersatzweise Kirschwasser oder Orangenlikör)*

1 Die Sahne mit dem Handrührgerät steif schlagen und bis zum Gebrauch kalt stellen. Die Gelatine mit 1 EL kaltem Wasser verrühren.

2 Die Milch in einen Topf geben, das Vanillemark hinzufügen und aufkochen lassen. In einem weiteren Topf Wasser für ein Wasserbad erhitzen.

3 Die Eigelbe mit Zucker und 1 Prise Salz aufschlagen. Die kochende Vanillemilch durch ein feines Sieb unter ständigem Rühren vorsichtig in das Eigelb gießen. Über dem heißen Wasserbad schaumig schlagen, bis die Masse bindet und leicht eingedickt ist.

4 Die Gelatine in die Creme rühren und den Himbeergeist hinzufügen. Die Creme über einer Schüssel Eis oder im kalten Wasserbad kalt rühren.

5 Kurz bevor die Creme zu stocken beginnt, die geschlagene Sahne unterheben. Die Creme in eine Schüssel füllen und etwa 2 Stunden in den Kühlschrank stellen.

6 Die Bayerisch Creme herausnehmen, mit einem Esslöffel Nocken abstechen und auf Desserttellern anrichten. Nach Belieben mit frischen Himbeeren oder Johannisbeeren garnieren.

# Apfelstrudel
## *mit Rahmguss*

*Zutaten für 4 Personen*

*Für den Teig:*

*250 g Mehl*
*Salz*
*2 1/2 EL Öl*

*Für die Füllung:*

*1 kg säuerliche Äpfel*
*Saft von 1 Zitrone*
*1 TL abgeriebene unbehandelte Zitronenschale*
*100 g Zucker*
*1/2 TL Zimtpulver*
*2 EL Rum*
*je 50 g Rosinen und gehackte Haselnüsse*
*3 EL Butter*
*4 EL Semmelbrösel*

*Für den Guss:*

*100 ml Milch*
*100 g Sahne*
*2 EL Butter*

1 Für den Teig das Mehl in eine Schüssel oder auf die Arbeitsfläche sieben. Eine Mulde in das Mehl drücken und 1 Prise Salz, 150 ml warmes Wasser und 2 EL Öl dazugeben, alles zu einem glatten, seidigen, eher weichen Teig verarbeiten. Den Teig mit dem restlichen Öl bestreichen und mindestens 30 Minuten ruhen lassen.

2 Für die Füllung die Äpfel schälen, vierteln, die Kerngehäuse entfernen und die Apfelspalten in dünne Scheiben schneiden. In eine Schüssel geben und mit Zitronensaft, Zitronenschale, Zucker, Zimt, Rum, Rosinen und Nüssen gut vermischen.

3 In einer Pfanne 1 EL Butter zerlassen und die Semmelbrösel darin goldgelb rösten. Den Backofen auf 190 °C vorheizen. Ein Backblech mit Butter einfetten.

4 Ein sauberes Küchentuch mit Mehl bestäuben. Den Strudelteig länglich darauf ausrollen, mit bemehlten Handrücken unter den Teig greifen und vorsichtig nach außen ziehen. Den Teig mit der restlichen flüssigen Butter bestreichen.

5 Die Apfelfüllung auf dem Teig verteilen, dabei einen Rand von etwa 10 cm frei lassen. Die Semmelbrösel über die Füllung streuen und die Teigränder an der kurzen Seite über die Füllung klappen. Den Strudel mit dem Tuch längs aufrollen und auf das Backblech setzen. Den Strudel im vorgeheizten Ofen etwa 25 Minuten backen.

6 Für den Guss Milch, Sahne und Butter in einem Topf kurz erwärmen. Den Strudel aus dem Ofen nehmen, mit dem Rahmguss gleichmäßig bestreichen und weitere 30 Minuten backen.

7 Den fertigen Strudel aus dem Ofen nehmen, mit Puderzucker bestäuben, in dicke Scheiben schneiden und kalt oder heiß mit Vanillesauce (siehe Seite 133) servieren.

# Vanillesauce
## *mit Rum*

*Zutaten für 4 Personen:*
*1/2 Vanilleschote*
*250 g Sahne*
*250 ml Milch*
*80 g Zucker*
*2 Eier*
*2 TL Speisestärke*
*1 EL Rum*

1 Die Vanilleschote der Länge nach aufschneiden und mit einem spitzen Messer das Mark herauskratzen. Die Schote und das Mark mit der Sahne und mit 200 ml Milch aufkochen. Die Hälfte des Zuckers darin auflösen und die Flüssigkeit durch ein Sieb gießen.

2 Die Eier trennen. Die Eigelbe mit der restlichen Milch, der Speisestärke und dem restlichen Zucker verrühren. Die Eiermischung unter die kochend heiße Milch rühren und alles einmal aufkochen lassen. Den Rum hinzufügen.

3 Die Eiweiße mit dem Handrührgerät steif schlagen. Die Sauce noch heiß unter den Eischnee heben.

4 Die Vanillesauce nach Belieben mit etwas steif geschlagener Sahne verfeinern und warm oder gut gekühlt servieren.

## Küchentipp

*Die Vanilleschote sollte man nach dem Kochen auf keinen Fall wegwerfen, sondern in Stücke schneiden und in einem verschließbaren Glas mit Zucker aufbewahren. So kann man sie mehrmals zum Aromatisieren der Milch verwenden, die für die Vanillesauce benötigt wird, und auch zur Herstellung von selbst gemachtem Vanillezucker.*

# Rezeptregister

# Bildnachweis

Umschlagzeichnung Vorderseite: Rupert Stöckl; Umschlagfotos Rückseite: Dr. Kai-Uwe Nielsen (o. li.), Kai Stiepel (o. re. und u.); Dr. Kai-Uwe Nielsen: S. 6, 8–9, 11, 12 (li. u. und o.), 13, 14, 17 (li. und re.), 18, 19 (li. und re.), 20, 21 (li. und re.), 22, 24, 26–27, 28, 29 (von li. nach re.), 30, 32, 33 (u.), 34; Kuni Taguchi: S. 10; AKG-Images, S. 15 (o. und u.); Stilla Weiß: 35; Archiv Hofbräuhaus München, Familie Sperger: S. 4, 23 (li. und re.), 25, 33 (o.); Kai Stiepel: S. 36–37, 41, 47, 50–51, 55, 59, 64–65, 69, 73, 77, 80–81, 85, 87, 91, 92–93, 97, 101, 105, 109, 113, 115, 119, 122–123, 127, 131; Frank Duffek: alle Girlanden und Zeichnungen der Gerichte: S. 30, 31, 44, 48, 56, 62, 75, 78, 89, 107, 128.

HB

*seit 1589*